STUDENT ACTIVITIES MANUAL

¡HOLA, AMIGOS!

THIRD CANADIAN EDITION

STUDENT ACTIVITIES MANUAL | Workbook
Laboratory Manual

¡HOLA, AMIGOS!

THIRD CANADIAN EDITION

Ana C. Jarvis
Chandler-Gilbert Community College

Raquel Lebredo
California Baptist University, Emerita

Mercedes Rowinsky-Geurts
Wilfrid Laurier University

Rosa L. Stewart
University of Victoria

NELSON

NELSON

Student Activities Manual

by Ana C. Jarvis, Raquel Lebredo,
Mercedes Rowinsky-Geurts,
and Rosa L. Stewart

**for use with ¡Hola, amigos!,
Third Canadian Edition**

by Ana C. Jarvis, Raquel Lebredo,
Francisco Mena-Ayllón, Mercedes
Rowinsky-Geurts, and Rosa L. Stewart

**Vice President, Editorial
Higher Education:**
Anne Williams

Publisher:
Anne-Marie Taylor

Executive Marketing Manager:
Amanda Henry

Senior Developmental Editor:
Roberta Osborne

**Photo Researcher
and Permissions Coordinator:**
Ferial Suleman

**Senior Production Project
Manager:**
Natalia Denesiuk Harris

Production Service:
Cenveo Publisher Services

Copy Editor:
Margaret Hines

Proofreader:
Carlos Calvo

Design Director:
Ken Phipps

Managing Designer:
Franca Amore

Cover Image:
Jeremy Woodhouse/BrandX/Getty
Royalty Free

Compositor:
Cenveo Publisher Services

COPYRIGHT © 2016, 2012
by Nelson Education Ltd.

Adapted from ¡Hola, amigos!
Student Activities Manual,
Eighth Edition, by Ana C. Jarvis
and Raquel Lebredo, published
by Heinle, Cengage Learning.
Copyright © 2014 by Heinle,
Cengage Learning.

Printed and bound in Canada
9 21 20 19

For more information contact
Nelson Education Ltd.,
1120 Birchmount Road, Toronto,
Ontario, M1K 5G4. Or you can visit
our Internet site at nelson.com

ALL RIGHTS RESERVED. No part of
this work covered by the copyright
herein may be reproduced,
transcribed, or used in any form or
by any means—graphic, electronic,
or mechanical, including
photocopying, recording, taping,
Web distribution, or information
storage and retrieval systems—
without the written permission of
the publisher.

For permission to use material
from this text or product, submit
all requests online at
cengage.com/permissions.
Further questions about
permissions can be emailed to
permissionrequest@cengage.com

Every effort has been made to
trace ownership of all copyrighted
material and to secure permission
from copyright holders. In the
event of any question arising as
to the use of any material, we will
be pleased to make the necessary
corrections in future printings.

ISBN-13: 978-0-17-655812-3
ISBN-10: 0-17-655812-8

Contents

To the Instructor vii
To the Student ix

Workbook Activities 1

Lección preliminar 3
Lección 1 5
Lección 2 15
Lección 3 25
Lección 4 33
Lección 5 43
Lección 6 53
Lección 7 63
Lección 8 75
Lección 9 87
Lección 10 97
Lección 11 109
Lección 12 121

Laboratory Activities 133

Lección preliminar 135
Lección 1 141
Lección 2 147
Lección 3 153
Lección 4 159
Lección 5 165
Lección 6 171
Lección 7 175
Lección 8 181
Lección 9 187
Lección 10 193
Lección 11 199
Lección 12 203

To the Instructor

The *Student Activities Manual* (*SAM*), consisting of a Workbook and a Laboratory Manual, is a fully integrated component of *¡Hola, amigos!*, Third Canadian Edition, a complete introductory Spanish program for university students. The Workbook and Laboratory Activities sections reinforce the grammar, vocabulary, and cultural information presented in the student textbook and help students to develop their listening, speaking, reading, and writing skills.

The organization of the *SAM* is correlated to the student text. The Workbook and Laboratory Manual sections provide activities for the twelve textbook lessons. At the beginning of the Laboratory Manual, an *Introduction to Spanish Sounds* is recorded on the audio files, which assists students in making the connections between sounds and letters needed in order to pronounce Spanish correctly.

The Workbook Activities

Each lesson of the Workbook section offers a variety of exercises: writing activities, a crossword puzzle for review of vocabulary, a reading comprehension passage, and a section to develop writing skills.

The *Para practicar* section of each lesson features sentence completion, matching, fill-in charts, sentence transformation, and illustration-based exercises, which provide further practice and reinforcement of concepts presented in the textbook. The *Para leer* section consists of an authentic reading that employs the vocabulary and grammar presented in the corresponding textbook lesson, followed by questions to test reading comprehension. Each lesson also features a section entitled *Para escribir,* which presents a writing topic related to the theme of the textbook lesson and includes strategies to help develop writing skills. Each even-numbered lesson concludes with a *Sobre el mundo hispánico* section that revisits the cultural notions presented in the corresponding section of the textbook and checks students' comprehension in writing.

The Laboratory Activities

The Laboratory Activities accompany the SAM Audio of *¡Hola, amigos!*, Third Canadian Edition, and open with an *Introduction to Spanish Sounds* designed to make learners aware of the differences between Spanish and English pronunciation. Each lesson of the Laboratory Manual features pronunciation, structure, listening-and-speaking practice, illustration-based listening comprehension, and dictation exercises to be used in conjunction with the audio program. Complete audioscript and answer keys are available to download from the instructor's companion website.

The Laboratory Activities provide listening, speaking, and writing practice for each lesson under the following headings:

Pronunciación: Practice of the sounds presented in each textbook lesson is featured through **Lección 7.** Thereafter, general pronunciation and intonation practice is provided. Words, phrases, and sentences that use vocabulary from the textbook lessons are read with pauses for student repetition.

Diálogos / Preguntas y respuestas: The dialogues from the textbook are recorded for student repetition. They are followed by questions that verify comprehension and provide oral practice.

Puntos para recordar: A set of three to eight exercises provides listening and speaking practice and tests mastery of the grammar topics introduced in each lesson. Models for these exercises are printed in the Laboratory Activities pages. For easier navigation, activity titles reflect the grammar topic at hand.

Contesta las preguntas: Questions related to students' own lives reinforce the lesson theme and provide additional listening and speaking practice.

Ejercicios de comprensión: A multiple-choice, illustration-based listening comprehension exercise that draws on the topics and vocabulary covered in each lesson is followed by an exercise consisting of a series of statements that students must confirm or refute based on their understanding of key vocabulary and ideas from the lesson.

Para escuchar y escribir: A dictation topically and structurally connected to the textbook lesson concludes each lab session. Dictations are printed in the answer key and are available to download from the instructor's companion website.

A complete answer key for all written and oral exercises is available for distribution to your students at your discretion. These files may be downloaded from the instructor's companion website.

SAM Audio

The SAM audio files provide approximately thirty to forty minutes of exercises per lesson, recorded by native speakers. Pronunciation exercises begin each lesson, and then the textbook dialogues appear as listening and pronunciation exercises in each lesson; they are dramatized at natural speed. They are followed by comprehension questions about the dialogues, structured grammar exercises (one for each topic covered in the lesson), a listening comprehension activity, and a dictation. Answers to all exercises are provided in the audio files.

    The *Student Activities Manual* is an integral part of the *¡Hola, amigos!*, Third Canadian Edition, program. Students who use it consistently will find the *SAM* and the SAM audio files of great assistance in forming the associations of sound, syntax, and meaning needed for effective communication in Spanish and for meaningful cultural understanding.

Ana C. Jarvis
Raquel Lebredo
Mercedes Rowinsky-Geurts
Rosa L. Stewart

To the Student

This *Student Activities Manual* (*SAM*) for ***¡Hola, amigos!***, Third Canadian Edition, is designed to reinforce the new material presented in each textbook lesson and provide practice in the skills you will need to acquire to communicate effectively in Spanish.

To use this integral component of the ***¡Hola, amigos!***, Third Canadian Edition, program to best advantage, it is important that you understand its organization. The Workbook and Laboratory Manual sections provide activities for the twelve textbook lessons. The Laboratory Manual begins with an *Introduction to Spanish Sounds* that will teach you the sound system of the Spanish language and help you to associate these sounds with the letters that represent them.

The Workbook Activities

The Workbook Activities will help to develop your reading and writing skills by providing practice in using the structures and vocabulary from the textbook. The activities in the *Para practicar* section range from fill-ins and sentence completion to more complex tasks such as writing original sentences and short paragraphs. A crossword puzzle in each lesson, with clues in Spanish, offers a vocabulary control check and an opportunity to test your spelling abilities. Each Workbook lesson includes a *Para leer* reading, in which key lesson vocabulary and structures reappear in a new context, followed by questions to check comprehension. Each lesson also includes a *Para escribir* writing task, which presents a topic related to the theme of the lesson and writing tips or strategies to help you develop your writing skills.

The Laboratory Activities

The Laboratory Activities, intended for use with the SAM Audio for the third Canadian edition of ***¡Hola, amigos!***, emphasize listening and speaking skills. The following sections are included for each textbook lesson.

Pronunciación: Words, phrases, and sentences that practise particular sounds or general pronunciation and intonation are read with pauses for you to repeat what you hear.

Diálogos: The dialogues from the textbook lesson are read for you to repeat. Listen to the dialogues twice. During the first reading, you should listen carefully to the speakers' pronunciation and to the rise and fall of the pitch in their voices. As you listen for a second time, pause the audio after each sentence and repeat after the speaker.

Preguntas y respuestas: These listening comprehension questions will help you to verify your understanding of the dialogues. Check your responses carefully against those provided on the audio.

Puntos para recordar: These exercises provide listening and speaking practice and test your mastery of the grammar topics presented in each lesson. A model for each exercise in this section is read on the SAM Audio and printed in the Laboratory Activities pages to guide you in your responses. The correct response to each item is provided in the audio files.

Contesta las preguntas: "Real-life" questions related to the lesson theme provide additional listening and speaking practice.

Ejercicios de comprensión: These listening comprehension exercises check your ability to apply the Spanish you are learning to new situations. First, you will hear three descriptions for each illustration that appears in the pages of the Laboratory Manual. You will then indicate the letter that corresponds to the correct description. Answers to each of the items are provided on the SAM Audio. In the second exercise, you must confirm whether each of a series of sentences is logical or illogical.

Para escuchar y escribir: A dictation concludes the Laboratory Activities for each lesson so you can check your ability to reproduce in writing what you hear in the audio files.

¡Hola, amigos! Premium Website (www.NELSONbrain.com)

Audio recordings of all the audio materials for the student textbook and the Laboratory Activities in the *Student Activities Manual* are available on the premium website for *¡Hola, amigos!* An additional cost may apply. These recordings are designed to maximize your exposure to the sounds of natural spoken Spanish and to help improve pronunciation. The textbook dialogues are used to provide listening and pronunciation exercises in each lesson. Laboratory Activities include comprehension questions on the dialogues, structured grammar exercises (one for each topic in the lesson), a listening comprehension activity, and a dictation. Answers to all exercises, except the dictation, are provided within the audio program. These recordings may be used outside of class or in the language laboratory. You can access these files wherever you have Internet access—or you can download the files for use on a portable MP3 player.

Answers to all Workbook and Laboratory Manual activities are provided at your instructor's discretion.

Consistent use of the Laboratory Activities for each lesson will help you to develop your Spanish listening and speaking skills to meet the objectives of the *¡Hola, amigos!* program. By the end of the course, you should be able to understand the essence of a conversation on topics covered in the textbook by native speakers of Spanish conversing at normal speed. You should also be able to make yourself understood by native speakers used to dealing with foreigners when you converse on these topics, using the vocabulary and structures you have learned.

Try to complete all of the Workbook and Laboratory Manual activities for each lesson. As you become more familiar with the program, you will find them helpful in assessing your achievements and in targeting the specific lesson features that require extra review. Learning a foreign language is a gradual process that requires a consistent, steady commitment of time. Completing the activities will help you to use your time productively by determining which material you have already mastered and which requires additional study.

Ana C. Jarvis
Raquel Lebredo
Mercedes Rowinsky-Geurts
Rosa L. Stewart

Workbook Activities

LECCIÓN PRELIMINAR

Workbook Activities

Para practicar

A. Saludos y despedidas. These are common exchanges that are used every day. Complete each one according to the setting.

En la clase de español

1. —Buenos días, profesora.

    —Buenos días, _____ *(female, singular)*.

En el banco *(bank)*

2. —¿Cómo _____ Ud., señor Silva?

    —Muy bien, gracias.

Dos amigos, en la clase

3. —_____, Mario. ¿_____ tal?

    —_____, gracias. ¿Y tú?

    —Muy _____.

B. Palabras *(Words)*. Fill in the blanks with the appropriate words from the vocabulary for **Lección preliminar.**

1. —¿Cómo te _____?

    —Me _____ Alicia.

    —Mucho _____.

    —El gusto es _____.

2. —¿Cuál es su _____ de teléfono?

    —432-3689.

3. —Hasta _____.

    —Nos _____.

C. Números. The middle number is missing! You need to add it.

tres _____ cinco

siete _____ nueve

cero _____ dos

ocho _____ diez

Name _____ Section _____ Date _____

LECCIÓN 1

Workbook Activities

Para practicar

A. **En la clase.** Indicate what we can see in the classroom by placing **un, una, unos,** or **unas** before each noun.

En la clase hay: _____ profesor, _____ puerta, _____ reloj, _____ pizarra,

_____ ventanas, _____ borradores, _____ sillas, _____ computadora,

_____ cuadernos, _____ bolígrafos y _____ luces.

B. **Yo necesito...** What do you need for class? Start out by saying, "**Yo necesito** *(I need)*", and place **el, la, los,** or **las** before each item on your list.

Yo necesito: _____ lápices, _____ plumas, _____ pizarra, _____ mapa de México,

_____ escritorio y _____ mochila.

C. **Los pronombres.** What subject pronouns would be used in each case?

1. A person talking about himself or herself will start out by saying _____.

2. A student addressing a professor would call him or her _____.

3. Speaking about her parents, a girl would say _____.

4. Referring to a group of women, a person would say _____.

5. Speaking about his mother, a man would say _____.

6. Talking about himself and a male friend, a man would say _____.

7. Addressing a group of colleagues, a person would say _____.

8. A person would call a very close friend _____.

9. Speaking about a male professor, a student would say _____.

10. Speaking about herself and her sister, a woman would say _____.

D. ¿De dónde eres? Fernando is introducing himself and other foreign students at the **Club Internacional**, saying where everybody is from. To show what Fernando says, complete the following with the correct form of **ser**.

FERNANDO   Yo _____ Fernando Pagani. Marisa y yo _____ de Buenos Aires, Delia _____ de Lima, Cora y Adela _____ de Santiago y Roberto _____ de Quito.

And now, answer Fernando's question: **¿Quién eres tú y de dónde eres?**

_____

E. ¿Cómo son? Write sentences to indicate what the following people or things are like, using the adjectives given.

azules   simpáticas   norteamericana   difícil
alto   ingleses   marrón

1. mujer _____
2. chico _____
3. profesores _____
4. chicas _____
5. lección _____
6. escritorio _____
7. bolígrafos _____

F. ¿Qué o cuál? Complete the following, using **qué** or **cuál**.

1. ¿ _____ es tu dirección?
2. ¿ _____ es tu número de teléfono?
3. ¿ _____ es el béisbol?
4. ¿ _____ es una enchilada?
5. ¿ _____ es su opinión?

Name _____ Section _____ Date _____

G. **Preguntas.** Write the questions that elicited the following answers.

1. _____

    El catalán es un idioma que hablan en Barcelona.

2. _____

    El número de teléfono del hotel es 487-9465.

3. _____

    Calle Estrella, número 234.

4. _____

    La paella es un plato típico de España.

H. **Saltando palabras** *(Jumping Words)*. Working with the vocabulary for **Lección 1,** look for the missing letter in each word in column A. Then, using the letter that was missing in the first word, start the one beside it! The result is a mystery word also found in the vocabulary for **Lección 1.** To help you, one letter is given in the words in column B. **¡Buena suerte!** *(Good luck!)*

A	**B**
1. cla _ e	_ _ ñ _ _
2. call _	_ _ t _ _ _ _ _ _
3. _ uevo	_ o _ _ _
4. inteli _ ente	_ _ s _ _
5. g _ acias	_ _ j _
6. plu _ a	_ _ _ _ _ l _

I. **El secreto.** You just discovered that four of your friends' phone numbers have something in common. Add the numbers of each phone number and uncover the secret. Write the number of the result of each addition in Spanish and discover the secret!

El número de teléfono de Ana es: 210-3210 = _____

El número de teléfono de Pablo es: 325-1611 = _____

El número de teléfono de Gustavo es: 541-5563 = _____

El número de teléfono de Rosa es: 289-4673 = _____

The secret is _____ .

J. Conversaciones breves. These are brief exchanges one might hear on campus. Complete them appropriately.

1. —_____

   —Buenos días, señorita. ¿Cómo está usted?

   —_____

   —Bien, gracias.

   —_____

   —Adiós.

2. —_____

   —Me llamo María Luisa Salgado Mena.

   —_____

   —El gusto es mío, señora.

3. —_____

   —Se dice "hasta mañana".

   —_____

   — Sí, mi compañero de cuarto es de Manitoba.

4. —_____

   —Adela es bonita y muy inteligente.

5. —_____

   —Nosotros somos de la Ciudad de México.

K. Crucigrama (Crossword Puzzle)

HORIZONTAL

4. opuesto (opposite) de **tonto**
5. pluma
6. Ella es de Guadalajara; es _____.
7. McMaster o McGill
9. _____ y tome asiento.
12. Es un _____ de papeles.
13. Mi dirección es _____ Magnolia, número 345.
14. pencil, en español
17. Mucho _____.
19. light, en español
20. we are, en español
23. opuesto de **grande**
24. opuesto de **simpático**
28. Es de California; es _____.
29. opuesto de **gordo**
30. Ella es mi _____ de cuarto.

Name _____ Section _____ Date _____

VERTICAL
1. El amarillo y el azul forman el _____.
2. Hay muchos libros en la _____ de la universidad.
3. opuesto *(opposite)* de **fácil**
8. *interesting*, en español
10. ¿Cuál es tu número de _____?
11. En la clase de geografía hay un _____ de México.
15. Es una tablilla de _____.
16. IBM vende *(sells)* _____.
18. Nos vemos _____ noche.
21. ¿Cómo se _____ *book* en español?
22. *clock*, en español
25. _____ días, señora.
26. ¿Qué hay de _____?
27. *red*, en español

Copyright © 2016 by Nelson Education Ltd. All rights reserved.   WORKBOOK, LECCIÓN 1   9

L. ¿Qué hay en la clase? Name the following items. Be sure to include the definite article.

1. _____
2. _____
3. _____
4. _____
5. _____
6. _____
7. _____
8. _____
9. _____
10. _____

Name _____ Section _____ Date _____

M. ¿Qué dicen? Two classmates are talking in the hallway. Match their questions in column A with the answers in column B.

A	B
1. _____ ¿Cómo te llamas?	a. Bien.
2. _____ ¿Qué tal?	b. Estudiante.
3. _____ ¿Qué hay de nuevo?	c. Sí, ¡y es inteligente!
4. _____ ¿Cómo se dice *student*?	d. No, es anaranjado.
5. _____ ¿Beto es guapo?	e. De El Salvador.
6. _____ ¿Es un lápiz?	f. No mucho.
7. _____ ¿Es rojo?	g. No, es un bolígrafo.
8. _____ ¿Cómo es Elena Quintana?	h. No, es mexicano.
9. _____ ¿De dónde es ella?	i. Ana María López Osuna.
10. _____ ¿Carlos es canadiense?	j. Alta y bonita.

N. ¿Qué pasa aquí? *(What's happening here?)* Look at the illustration and answer the following six questions about the students and their classroom.

1. ¿Quién es la profesora?

   _____

2. ¿De dónde es la profesora?

   _____

3. ¿Cuántos estudiantes hay en la clase?

4. ¿Lupe es de Cuba?

5. ¿John es mexicano?

6. ¿Cuántas ventanas hay en la clase?

Para leer

Read the following descriptions, and then answer the questions.

La doctora Irene Santillana es de Madrid. Es profesora en una universidad en Guanajuato. Es inteligente y muy simpática.

La señorita María Inés de la Cruz es mexicana. Es de Puebla. Es estudiante de medicina.

El señor José Armando Vidal es de Vancouver. Es estudiante en la Universidad de Victoria. Es alto, delgado y guapo.

¡Conteste! (Answer!)

1. ¿Quién es de Madrid?

2. ¿Es estudiante?

3. ¿Cómo es?

4. ¿María Inés es canadiense o mexicana?

5. ¿De qué ciudad *(city)* es María Inés?

6. ¿Quién es de Columbia Británica?
_____

7. ¿De qué ciudad es?
_____

8. ¿José Armando Vidal es profesor?
_____

9. ¿Cómo es el señor Vidal?
_____

Para escribir

Mind-mapping is a very useful way to start a written assignment. For example, write a noun/main idea in a circle in the centre of a page. Think about possible adjectives that could connect with that noun/main idea, and start making satellite circles around the main idea. Shortly, you will have created a mind-map. Remember to use the appropriate definite and indefinite articles and verbs to make the sentence and to be aware of gender and number agreement. A short story is just a step away!

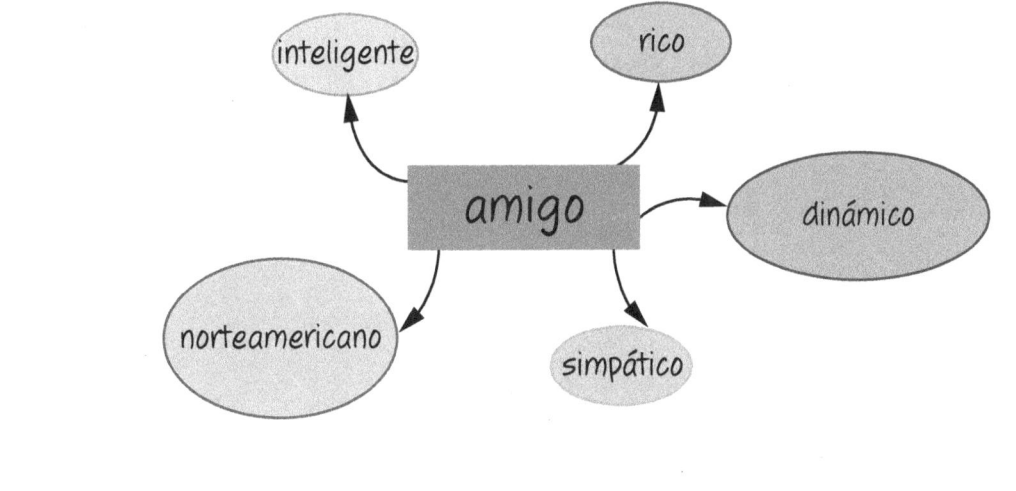

_____
_____
_____

Now, underline all the adjectives that apply to you and use them with the verb **ser** to write a brief description of yourself. As a final step, check for correct agreement of adjectives.

_____
_____
_____
_____
_____
_____
_____
_____

LECCIÓN 2

Workbook Activities

Para practicar

A. Mi vida en México. Marta, a Canadian student in an exchange program, talks about her life in Mexico to her sister in Canada.

Querida Susi:

Mi amiga Claire _____ (estudiar) en México en la Universidad Veracruzana también. Yo _____ (desear) hablar español muy bien. Nosotras _____ (hablar) mucho con amigos mexicanos. Ellos _____ (conversar) con nosotras para practicar. De lunes a jueves yo _____ (tomar) clases en la universidad. Las clases _____ (terminar) a las seis. Claire no _____ (tomar) cinco clases, ella _____ (necesitar) trabajar también. ¿Tú _____ (estudiar) español este año? Tú _____ (necesitar) visitar México. Es muy interesante.

Un abrazo°   *A hug*

Marta

B. Aseveraciones y preguntas *(Statements and questions).* Complete the chart below with the missing sentence forms, stating a fact, asking a question, or making a negative statement.

	Affirmative	Interrogative	Negative
1.	Él habla español.		
2.			Eva no es profesora.
3.		¿Desean leche?	
4.			Ana no necesita el horario.
5.	Tito es estudiante.		
6.	Luis trabaja hoy.		
7.		¿Estudiamos sociología?	
8.			Nora no es cubana.

C. **¿Qué tomamos?** A group of friends are in a restaurant. They all want different things to drink. Create sentences, using the information given, to say what everyone wants.

   MODELO: Juan / desear / café

   Juan desea café.

   1. Rebeca / tomar / un vaso de cerveza _____
   2. Mario / desear / café con leche _____
   3. Cristina y Marco / necesitar / agua _____
   4. Andrés y yo / tomar / vino tinto _____
   5. tú / desear / té frío _____
   6. yo / necesitar / agua también _____

D. **¿Qué hacemos?** *(What do we do?)* This is what people do, need to do, or wish to do. Complete the sentences, using appropriate possessive adjectives or pronouns as necessary.

   1. Yo hablo español con _____ amigos y Michele habla inglés con _____ amigos.

      ¿Tú hablas inglés con _____ amigos?

   2. Ustedes necesitan hablar con _____ profesores y nosotros necesitamos hablar con

      _____ profesoras.

   3. Nosotros deseamos estudiar en _____ casa *(house)* y él desea estudiar en _____ casa.

   4. Marisa y Pedro estudian con _____ amigos. Marisa estudia con la amiga de _____

      y Pedro estudia con el amigo de _____.

E. **Profesores y estudiantes.** Answer the following questions about your class in the affirmative.

   1. ¿Tú necesitas hablar con tus compañeros de clase?

      _____

   2. ¿Ustedes desean estudiar en su casa?

      _____

   3. ¿El profesor necesita tu cuaderno?

      _____

   4. ¿Ustedes estudian con sus compañeros de cuarto?

      _____

   5. ¿Las profesoras de ustedes son de Madrid?

      _____

Name _____ Section _____ Date _____

6. ¿Yo necesito hablar con mis profesores hoy?

    _____

7. ¿La profesora habla con sus estudiantes?

    _____

8. ¿Yo necesito hablar con mis estudiantes hoy? *(Use **usted** form)*

    _____

F. **En la universidad.** Complete the following statements about college life using **el, la, los,** or **las.**

1. _____ idioma que ellos estudian en _____ universidad es _____ inglés.

2. En _____ clase de literatura estudiamos _____ poemas de Bécquer.

3. _____ lección cinco es sobre *(about)* _____ problemas de _____ ciudades de Ontario.

4. Necesitamos _____ café, _____ té y _____ leche.

5. _____ amistad *(friendship)* es muy importante para _____ estudiantes.

G. **¿Cuántos...?** You are in charge of preparing an order for supplies. Write the number, in Spanish, of each item needed.

1. _____ libros (70)
2. _____ bolígrafos (100)
3. _____ cuadernos (84)
4. _____ mapas (158)
5. _____ lápices (112)
6. _____ cestos de papeles (95)
7. _____ relojes (72)
8. _____ computadoras (80)
9. _____ sillas (140)
10. _____ tazas (150)
11. _____ vasos (200)
12. _____ copas (67)

H. ¿A qué hora son las clases? At what time is each of the following classes? Start each sentence with **La clase de...**

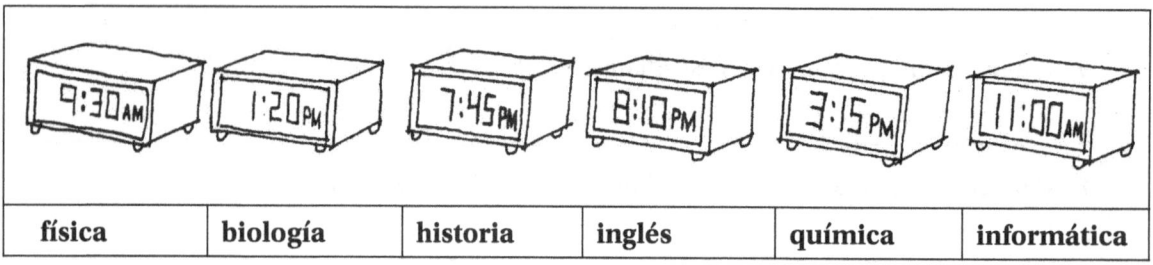

| física | biología | historia | inglés | química | informática |

1. física
   _____

2. biología
   _____

3. historia
   _____

4. inglés
   _____

5. química
   _____

6. informática
   _____

I. El horario de Carolina. Fill in the missing days of the week in the schedule on the next page. Then, use the following information to fill in, in Spanish, Carolina's class schedule for this semester.

Math:	Monday, Wednesday, Friday
Spanish:	Monday, Tuesday, Wednesday, Thursday, Friday
Music:	Saturday
History:	Tuesday, Thursday
Biology:	Thursday, Friday
Literature:	Tuesday, Saturday

Name _____ Section _____ Date _____

lunes						

J. Muchos cumpleaños. Silvia has a very busy social schedule. Write the dates of her friends' birthdays **(cumpleaños)** in Spanish.

MODELO: Carlos, _____ (July fourth)
Carlos, el cuatro de julio

1. Alberto, _____ (March first)
2. Inés, _____ (January fifteenth)
3. Carmen, _____ (November thirtieth)
4. Raúl, _____ (June twentieth)
5. Georgina, _____ (December fourteenth)
6. Fernando _____ (August tenth)
7. Rafael, _____ (February eleventh)
8. Elba, _____ (April twenty-fifth)

K. Las estaciones y los meses del año. Complete the missing seasons or months.

1. la primavera: marzo, _____, mayo
2. el _____: junio, julio y _____
3. el otoño: _____, octubre y _____
4. el _____: _____, enero y febrero

L. **Crucigrama**

HORIZONTAL
2. Deseamos agua con _____.
7. La biología es una _____ difícil.
9. Ella desea una _____ de café.
12. La clase es en el _____ número 128.
14. En Washington hablan _____.
15. Molson es una _____.
17. No trabaja por el día. Trabaja por la _____.
18. Necesito el _____ de clases.
21. sólo
22. té helado = té _____
23. ¿A qué _____ es la clase de física?
24. Ellos toman vino _____.

VERTICAL
1. La clase _____ a las ocho.
3. Hoy es _____ y mañana es martes.
4. Él desea una _____ de vino.
5. Estudiamos a Shakespeare en la clase de _____.
6. Estudiamos álgebra en la clase de _____.
8. _____ mis clases son requisitos.
10. Pablo es de Chile; es _____.
11. hablar
13. Toman café con _____.
16. Trabajo porque necesito _____.
19. Deseo un _____ de agua.
20. Silvia _____ una clase de historia.

20 WORKBOOK, LECCIÓN 2

Name _____ Section _____ Date _____

M. ¿Qué dice aquí? This is a day in the life of Susana Campos. Read about her activities and then answer the questions based on the page in her calendar.

SEPTIEMBRE		martes **15**
	Planes para hoy	
7:00	café	*Sergio*
8:00 – 11:00	en clase	
8:30	química-laboratorio	
9:30	informática	
10:30	matemáticas-examen	
12:00	cafetería	*Lidia*
1:00 – 4:00	trabajo	
6:00	biblioteca	*César*
8:00 – 10:00	contabilidad	

1. ¿Qué día es hoy? ¿Qué fecha es?
   _____

2. ¿Qué toma Susana con Sergio? ¿A qué hora?
   _____

3. ¿Cuántas clases toma ella?
   _____

4. ¿Qué asignatura tiene *(has)* laboratorio?
   _____

5. ¿En qué clase tiene examen?
   _____

6. ¿En qué clase usa la computadora?
   _____

7. ¿Con quién conversa en la cafetería?

_____

8. ¿Cuántas horas trabaja Susana?

_____

9. ¿Dónde estudia a las seis? ¿Con quién?

_____

10. ¿Qué clases toma de ocho a once?

_____

N. En la cafetería. At the university's cafeteria, some students are talking. Complete these exchanges, using vocabulary from **Lección 2.**

1. —Ana, ¿tu clase de español es difícil?

   —No, es muy _____.

   —¿Cuántas materias tomas este _____?

   —Tomo cuatro: ciencias _____, matemáticas, _____ de empresas y español.

   —¿Dónde es la clase de español?

   —Es en el _____ número 115.

2. —Carlos, ¿qué _____ tomar?

   —Una taza de chocolate _____. ¿Y tú?

   —Un _____ de leche.

   —Oye, ¿qué _____ es?

   —Son las doce y media.

Para leer

Read the following story, and then answer the questions.

Roberto y Ana estudian en la Universidad de Alberta, en Edmonton. Roberto toma muchas asignaturas este semestre: química, historia, inglés, biología, sociología y literatura. Ana toma tres clases: física, administración de empresas y psicología. Roberto no trabaja. Ana trabaja en la cafetería y en la biblioteca.
   Ana y Roberto conversan en la cafetería. Ana toma un vaso de leche y Roberto toma una taza de café.

Name _____ Section _____ Date _____

¡Conteste!

1. ¿Ana y Roberto estudian en Venezuela?
   _____

2. ¿Dónde trabaja Roberto este semestre?
   _____

3. ¿Qué materias toma Roberto?
   _____

4. ¿Cuántas clases toma Ana?
   _____

5. ¿Qué clases toma Ana?
   _____

6. ¿Quién toma literatura este semestre?
   _____

7. ¿Dónde conversan Ana y Roberto?
   _____

8. ¿Quién toma café y quién toma leche?
   _____

9. En su opinión *(In your opinion)*, ¿por qué no trabaja Roberto este semestre?
   _____

10. En su opinión, ¿por qué toma Ana solamente tres clases este semestre?
    _____

Para escribir

Making lists is another way of brainstorming to help you prepare for writing and organising your thoughts. Before writing, list some of your activities using the Spanish you know. Add one or two of your easier and more difficult classes. Think of your studies, work, and one or two things you do with friends.

Then write a brief description of your activities on the next page. Also tell what classes you are taking and at what time. Say which ones are easy and which ones are difficult.

_____
_____
_____
_____
_____
_____
_____
_____
_____
_____

Sobre el mundo hispánico. Refer to this section of your textbook to see how much you remember.

1. ¿Quién es "la reina" de la música latina en Canadá?
   _____

2. ¿En Canadá de dónde es la mayor parte de los habitantes hispanos?
   _____

3. ¿De dónde vienen el tango, la salsa y el merengue?
   _____

4. ¿Cuáles son los destinos hispanos más visitados por canadienses?
   _____

5. ¿Cuál es la comida hispana más popular en Canadá?
   _____

LECCIÓN 3

Workbook Activities

Para practicar

A. Teresa y yo. Eva tells us about herself and her friend Teresa. Use the present indicative of the appropriate **-er** and **-ir** verbs to complete the information.

Mi amiga Teresa y yo _____ (vivir) en un apartamento en la calle Juárez.

Todos los días, Teresa y yo _____ (correr) en el parque *(park)*. Después _____ (comer) en la cafetería y _____ (beber) una taza de café.

Los sábados, yo _____ (sacudir) los muebles y Teresa _____ (barrer) la cocina. Por la noche nosotras _____ (leer) o _____ (escribir) correos electrónicos.

B. La familia Rojas. Use the information in the dialogue for **Lección 3** in the textbook to complete the following statements. Express relationship or possession.

1. Alicia es _____ *(Hector's sister)*.

2. El señor Rojas es _____ *(Susana's dad)*.

3. Héctor lava _____ *(his mom's car)*.

4. _____ *(The family's house)* es grande.

5. Héctor es _____ *(Carlos's friend)*.

C. Los quehaceres de la casa. Four female students share an apartment. Today they're doing housework and getting ready for guests. Use the appropriate forms of **tener** or **venir** to complete the exchanges between them.

1. —Anita, ¿tú _____ la cafetera?

   —No, yo _____ la licuadora.

2. —¿A qué hora _____ José Luis?

   —A las ocho. Pablo y Teresa _____ con él.

3. —¿Ustedes _____ que sacudir los muebles?

   —No, nosotras _____ que barrer la cocina y el garaje.

4. —Raquel, ¿de dónde _____ tú?

   —Yo _____ de la casa de mi abuela *(grandmother)*.

5. —¿Quién _____ que planchar la ropa?

   —¡Tú!

6. —¿A qué hora _____ ustedes de la universidad mañana?

   —Nosotras _____ a las once.

D. De visita *(Visiting)*. You are a guest at somebody's house and the hostess wants you to be comfortable. Answer her questions, using expressions with **tener**.

1. —¿Deseas un vaso de limonada?

   —No, gracias. _____.

2. —¿Por qué no abres la ventana?

   —Porque no _____.

3. —¿Deseas un sándwich?

   —No, gracias. No _____.

4. —¿Necesitas un suéter?

   —Sí, porque _____.

5. —¿Por qué no tomas una siesta?

   —No... _____.

E. ¿Me prestas...? *(Will you lend me ... ?)* Play the part of Mireya, who borrows everything from her neighbour. Place the appropriate demonstrative adjectives before each item.

1. *this, these*

   Necesito _____ licuadora, _____ tazón, _____ cafeteras y

   _____ platos.

2. *that, those*

   Necesito _____ reloj, _____ plancha, _____ tostadoras y

   _____ vasos.

Name _____ Section _____ Date _____

3. *that, those (over there)*

Necesito _____ mesa, _____ sillas, _____ cesto de papeles y _____ platos.

F. ¿Cuánto ganan? *(How much do they earn?)* You are in charge of the payroll for the Sandoval Company. Indicate how much each of these individuals earns per month.

MODELO: Luis gana *(earns)* doscientos dólares **por semana** *(week)*.
*Luis gana ochocientos dólares **por mes** (month).*

1. Marta gana trescientos cincuenta dólares **por semana**.
   _____

2. Rogelio gana quinientos cincuenta dólares **por semana**.
   _____

3. Lucía gana doscientos veinticinco dólares **por semana**.
   _____

4. Ernesto gana cuatrocientos veinticinco dólares **por semana**.
   _____

5. Olga gana ciento cincuenta dólares **por semana**.
   _____

G. ¿Cuál no va? Circle the word or phrase that does not belong in each group.

1. basura	garaje	cuarto de baño
2. padres	hermanos	césped
3. venir	llegar	descansar
4. dormitorio	recámara	tiempo
5. sala	plato	cocina
6. comer	beber	correr
7. excusa	ensalada	comida
8. comer	cenar	deber
9. barrer	abrir	sacar la basura
10. tener sed	cortar el césped	pasar la aspiradora
11. todo	tiempo	un rato
12. cacerola	sartén	plancha
13. lavadora	licuadora	secadora
14. horno	microondas	colador
15. cafetera	tostadora	tabla de planchar
16. vivir	deber	tener que

H. Crucigrama

HORIZONTAL
2. *with me*, en español
3. *toaster*, en español
6. Comemos mucha _____ mexicana.
7. Tengo que lavar y _____ la ropa.
9. recámara
10. Yo sacudo los _____.
12. Vivimos en una _____.
13. Preparamos café en una _____.
15. zacate
17. Comen por la noche.
18. *oven*, en español
19. *frying pan*, en español
20. Yo _____ en un apartamento.

Name _____ Section _____ Date _____

21. novecientos más cien
23. Tengo una lavadora y una _____.
24. Tengo que pasar la _____.
25. *blender,* en español

VERTICAL
1. *bowl,* en español
2. opuesto de **frío**
4. Lavo los platos en el _____.
5. ¿Tú _____ prisa?

8. Preparamos esta bebida con limón, azúcar *(sugar)* y agua.
9. Trabajo mucho; necesito _____.
10. *microwave,* en español
11. Tienes que _____ la basura.
14. *General Hospital,* por ejemplo *(for example)*
16. *bossy (fem.),* en español
17. Luis _____ el césped.
18. Como cuando tengo _____.
22. *thing,* en español

I. **Conversaciones breves.** Two roommates are talking about their day's activities. Match the questions in column A with the answers in column B.

A

1. _____ ¿Hay sándwiches?
2. _____ ¿Por qué no comes un sándwich?
3. _____ ¿Deseas limonada?
4. _____ ¿Qué tienes que hacer?
5. _____ ¿Quién prepara la ensalada?
6. _____ ¿Qué tienes que lavar?
7. _____ ¿Tu hermano viene hoy?
8. _____ ¿Quién barre el garaje? ¿Alicia?
9. _____ ¿A qué hora viene tu papá?
10. _____ ¿Cuándo llega tu mamá?
11. _____ ¿Qué bebes?
12. _____ ¿En qué ciudad vives?
13. _____ ¿Qué miran?
14. _____ ¿Dónde cenan?
15. _____ ¿Qué tienes que limpiar?

B

a. No, mañana.
b. La ropa.
c. A las ocho.
d. No, gracias. No tengo sed.
e. Sí, en el refrigerador.
f. No tengo hambre.
g. Tengo que limpiar la casa.
h. Mi mamá.
i. No, ella está ocupada.
j. En San Francisco.
k. Mi cuarto.
l. En el comedor.
m. El lunes.
n. Una telenovela.
o. Limonada.

Copyright © 2016 by Nelson Education Ltd. All rights reserved.

J. ¿Qué pasa aquí? Look at the illustration and answer the following questions.

¿Qué hacen...? *(What do they do ... ?)*

1. ¿Qué hace Eva?
   _____

2. ¿A qué hora vienen Ana y Nora?
   _____

3. ¿Cuántos platos hay en la mesa?
   _____

4. ¿Qué hace Juan?
   _____

5. ¿En qué calle vive Nora?
   _____

6. ¿Qué hace Sara?
   _____

7. ¿Cuántos años tiene Marcos?
   _____

8. ¿Qué hora es?
   _____

Name _____ Section _____ Date _____

9. ¿A qué hora viene Pablo?

   _____

10. ¿Eva tiene prisa?

    _____

Para leer

Read the following note that Mrs. Peña wrote to her husband, and then answer the questions.

Querido Álvaro:
Tus padres vienen esta noche, a las ocho. Tienes que sacudir los muebles y planchar tu ropa.
   Hoy yo llego a las seis porque tengo que trabajar hasta° las cinco y media. Rosita tiene que pasar la aspiradora y Carlitos tiene que cortar el césped y lavar los platos.
   Si tienen hambre, hay sándwiches en el refrigerador. Tu amigo Ricardo viene a las seis.
                                    Besos°, Graciela

until

kisses

¡Conteste!

1. ¿A qué hora vienen los padres de Álvaro?

   _____

2. ¿Qué tiene que sacudir Álvaro?

   _____

3. ¿Qué tiene que planchar?

   _____

4. ¿A qué hora llega Graciela a su casa?

   _____

5. ¿Hasta qué hora tiene que trabajar?

   _____

6. ¿Qué tiene que hacer Rosita?

7. ¿Quién tiene que cortar el césped?

8. ¿Qué tiene que lavar Carlitos?

9. ¿Qué hay en el refrigerador?

10. ¿A qué hora viene el amigo de Álvaro?

Para escribir

Write a short dialogue between two roommates who are discussing the chores they have to do. Use what you have learned about mind-mapping to generate ideas before you begin.

Name _____ Section _____ Date _____

LECCIÓN 4

Workbook Activities

Para practicar

A. Una celebración. My family is having a party and everyone is pitching in to help. Complete the following sentences with the correct form of the verb indicated.

1. Yo _____ para comprar comida y mi padre _____ para comprar vino. (salir)

2. Mi madre _____ a la tienda por la mañana y yo _____ a la tienda por la tarde. (conducir)

3. Yo _____ sillas extras en la sala y mis amigos _____ la música. (poner)

4. Mi hermana _____ entremeses y yo _____ una torta. (hacer)

5. Por la noche yo _____ a mis primos y mis padres _____ a toda su familia también. (ver)

B. Sabemos y conocemos. Use appropriate forms of **saber** or **conocer** to indicate whom or what everybody knows.

1. yo / a Marisol Vega _____

2. Teresa / mi número de teléfono _____

3. nosotros / Guatemala _____

4. Carlos / el poema de memoria _____

5. tú / bailar _____

6. ellos / las novelas de Cervantes _____

7. ustedes / dónde vive Mauricio _____

C. **En un café.** At an outdoor café several people are talking. Complete the following exchanges, using the verbs **conocer, llevar,** and **tener** to indicate what they say. Add the personal **a** when needed.

1. —¿Tú _____ la novia de Roberto?

   —¡Roberto no _____ novia!

2. —¿Tú _____ Beatriz a la universidad?

   —No, yo _____ Carmen.

3. —¿Qué tienes que hacer?

   —Tengo que _____ los libros a la biblioteca.

4. —¿Ustedes _____ Madrid?

   —No, pero _____ Sevilla.

5. —¿Tienes que _____ tu perro *(dog)* al veterinario?

   —Sí, a las dos.

D. **Mi amiga Sara.** Complete the information about Sara, using **a** + *definite article* or **de** + *definite article*.

Sara es la hija _____ Sr. Paz y la sobrina _____ Sra. Fuentes. Su esposo es Carlos

Villalba. Ella no conoce _____ abuelo de Carlos, pero conoce _____ sus padres. Hoy

Sara viene _____ universidad _____ cinco _____ tarde y después va _____

biblioteca a trabajar. Ella trabaja con la hija _____ Dr. Peñarreal.

E. **Conversaciones breves.** Complete the following dialogues you overheard this morning before class. Use the present indicative of **estar, ir,** or **dar.**

1. —Raúl _____ una fiesta hoy. ¿Tú _____?

   —Sí, yo _____ con Rosaura.

   —¿Dónde _____ Rosaura ahora?

   —_____ en su apartamento.

2. —¿Dónde _____ tu hermano?

   —_____ en Madrid. Después _____ a París porque mis padres

   _____ allí.

Name _____ Section _____ Date _____

   3. —¿Cuánto dinero _____ ustedes para la fiesta de Magaly?

      —Nosotros _____ veinte dólares. ¿Cuánto _____ tú?

      —Yo _____ diez dólares.

F. **¿Qué vamos a hacer mañana?** Use the **ir a** + *infinitive* construction to say what we are not going to do tomorrow.

   MODELO: Hoy yo trabajo, pero mañana _____

   Hoy yo trabajo, pero mañana no voy a trabajar.

   1. Hoy Paula estudia mucho, pero mañana _____

   2. Hoy los estudiantes escriben muchos ejercicios, pero mañana _____

   3. Hoy tú vas a las clases, pero mañana _____

   4. Hoy yo como en mi casa, pero mañana _____

   5. Hoy nosotros bebemos café con leche, pero mañana _____

   6. Hoy Jaime y tú limpian la casa, pero mañana _____

G. **Crucigrama**

HORIZONTAL
1. La fiesta es para Mónica. Hoy es su _____.
2. Hoy nosotros _____ una fiesta en el club.
4. enviar
7. Son dos. Son una _____.
8. La mamá de mi papá es mi _____.
10. _____ la fiesta en el club.
12. Mi hermano y yo somos los _____.
18. Un brindis: ¡_____!
19. Es el hermano de mi mamá. Es mi _____.
21. Darío es el esposo de mi hermana. Es mi _____.
22. Carlos es el hijo de mi tía. Es mi _____.
23. Ella tiene _____ castaños.
24. Ellos _____ salsa.

VERTICAL
1. Ellos no quieren ir a la fiesta porque están _____.
3. Ella no es rubia; es _____.
5. Es de Guatemala. Es _____.
6. ¿Uds. _____ bailar salsa?
9. No es casado. Es _____.
11. Vamos a _____ con champán.
13. Voy a _____ a mis amigos a la fiesta.
14. Yo traigo la _____ de cumpleaños.
15. Me gusta la _____ clásica.
16. Yo _____ a las chicas a su casa.
17. Yolanda es de _____ mediana.
20. Todos lo pasan bien. La fiesta es un _____.

WORKBOOK, LECCIÓN 4

Name _____ Section _____ Date _____

H. ¿Qué hacemos este fin de semana? Aurelio found several e-mails in his computer, but many words are missing. Help Aurelio read the e-mails by supplying the missing words. Use vocabulary from **Lección 4.**

1. Aurelio:

   ¿Qué planeas _____ el sábado? Marta y yo planeamos _____ al club a _____. Vamos a _____ a Rosa con nosotros. ¿Deseas _____ tú también?

   Luis

2. Aurelio:

   _____ tarde vamos a una cafetería para planear la _____ que voy a _____ para mi novio, el domingo. Por la noche vamos a _____ a mi madrina. ¿Vas con nosotros? Llamo más tarde.

   Teresa

I. Conversaciones breves. Two friends are talking. Match their questions in column A with the answers in column B.

A	**B**
1. ¿Javier es soltero?	a. El reproductor MP3.
2. ¿Conoces a Rita?	b. No, mi prima.
3. ¿Los invitados están aburridos?	c. No, guatemaltecos.
4. ¿Ellos son mexicanos?	d. Mi cuñado.
5. ¿A quiénes vas a invitar?	e. No, es casado.
6. ¿Quieres comer algo?	f. No, no tengo hambre.
7. ¿Elena es tu tía?	g. Sí, tengo la llave.
8. ¿Puedes abrir la puerta?	h. No, muy animados.
9. ¿Qué vas a traer tú?	i. Sí, está muy feliz.
10. ¿Alberto está contento?	j. Sí, es encantadora.
11. ¿Roberto es tu novio?	k. A mis amigos.
12. ¿Quién trae las bebidas?	l. No, mi padrino.

J. ¿Qué dice aquí? Answer the following questions about Nora's weekend, based on this page from her calendar.

```
8:00   Tenis—Julio                          VIERNES
12:00  Comer—Ana y Eva                         4
3:00   Concierto—Alicia                     de abril
9:00   Bailar—Julio—Club

9:00   Estudiar—Olga                        SÁBADO
1:00   Biblioteca—Eva, Silvia                  5
8:00   Fiesta—Mónica (cumpleaños)           de abril

4:00   Visitar—madrina                      DOMINGO
                                                6
8:00   Cena—Julio y sus padres              de abril
```

1. ¿A qué hora va a jugar *(play)* Nora al tenis? ¿Con quién?

2. ¿Con quiénes va a estar a las doce?

3. ¿Adónde va a ir a las tres? ¿Con quién va a ir?

4. ¿Con quién va a ir a bailar? ¿A qué hora? ¿Dónde?

5. ¿Qué va a hacer el sábado a las ocho? ¿Con quién?

6. ¿Quiénes van a ir a la biblioteca con Nora?

7. ¿Quién da una fiesta? ¿Qué celebra?

8. ¿A quién va a visitar Nora? ¿Qué día? ¿A qué hora?

Name _____ Section _____ Date _____

9. ¿Con quiénes va a cenar a las ocho?

_____

10. ¿Julio es el hermano o el novio de Nora?

_____

Para leer

Read the following story about Rosaura, and then answer the questions.

> Mañana, viernes, mi esposo y yo estamos invitados a cenar en casa de mi tía. Tenemos que ir un rato, pero después vamos al club.
> El sábado por la mañana voy a jugar° al tenis con la novia de mi hermano.   *play*
> Por la noche vamos a tener una fiesta en mi casa para celebrar el cumpleaños de mi esposo. Yo voy a hacer una torta y vamos a brindar con champán.
> El domingo vamos a limpiar la casa y después vienen los padres de mi esposo a comer con nosotros.

¡Conteste!

1. ¿Adónde tienen que ir Rosaura y su esposo mañana?

_____

2. ¿Quién da la cena?

_____

3. ¿Adónde va la pareja después de la cena?

_____

4. ¿El hermano de Rosaura tiene novia?

_____

5. ¿Qué van a tener por la noche en casa de Rosaura? ¿Qué celebran?

_____

6. ¿Con qué van a brindar en la fiesta?

_____

7. ¿Qué van a hacer el domingo por la mañana?

_____

8. ¿Quiénes están invitados a comer en casa de Rosaura?

_____

Para escribir

When writing an informal note, letter, or e-mail in Spanish, begin and close with the following phrases. Notice that a colon, rather than a comma, follows the name of the person you are writing to.

TO BEGIN		TO CLOSE	
Querido(a) *(+ name)***:**	*Dear ...,*	**Un abrazo,**	*A hug,*
Hola, *(+ name)***:**		**Besos,**	*Kisses,*
		Tu amigo(a),	*Your friend,*

You can also close with just a good-bye, such as **Hasta luego** or with **Escríbeme pronto** *(Write to me soon)*.

Write a note or e-mail to your best friend telling him or her that you are going to give a surprise party for a mutual friend. Say what you are going to do to prepare for the party and indicate time and place. Tell him or her that he or she is invited!

Name _____ Section _____ Date _____

Sobre el mundo hispánico. Refer to this section of your textbook to see how much you remember. Indicate the word that correctly completes each sentence.

1. México tiene más de (50 millones / 100 millones) de habitantes.
2. La ciudad de México, D.F., es uno de los centros urbanos más grandes (del mundo / de Latinoamérica).
3. Guatemala es uno de los países centroamericanos que fue *(was)* parte del imperio (azteca / maya).
4. Un centro arqueológico muy importante en Guatemala es (Tikal / Tulum).
5. El Salvador es el país más (pequeño / grande) de Centroamérica.
6. A El Salvador lo llaman la "tierra de los (lagos / volcanes)".
7. Honduras tiene casi (seis / diez) millones de habitantes.

LECCIÓN 5

Workbook Activities

Para practicar

A. ¿Qué estamos haciendo? Indicate some of the activities you and your family could be doing according to where everyone is.

MODELO: Oscar / en la cafetería

Oscar está comiendo.

1. yo / en la cocina

   _____

2. mi hermano / en la biblioteca

   _____

3. tú / en una fiesta

   _____

4. Jorge y yo / en la sala

   _____

5. mis amigos / en un restaurante

   _____

6. mi prima / en la oficina

   _____

B. Dime... *(Tell me ...)* You want to know everything! Ask the following questions, using **ser** or **estar** as appropriate.

1. Ask what time it is.

   _____

2. Ask Mr. Díaz if he's Mexican.

   _____

3. Ask your friend where her boyfriend is.

   _____

4. Ask your friend if his brother is tall.

   _____

5. Ask Miss Peña what she's reading.

   _____

6. Ask someone where the party is.

   _____

7. Ask your friend if her mother is a professor.

   _____

8. Ask someone if the chair is made of plastic *(plástico)*.

   _____

9. Ask your friend if she thinks Andrea looks pretty today.

   _____

10. Ask your friend if he's tired.

    _____

C. **Preguntas y más preguntas.** You have questions about everything. Write the questions that elicited the following answers. Use **ser** or **estar,** as appropriate.

   1. _____

      —¿Ana? En el restaurante.

   2. _____

      —¿Yo? De Colombia.

   3. _____

      —¿El reproductor de MP3? Sí, de Pedro.

   4. _____

      —¿Verónica? Alta, delgada y muy bonita.

   5. _____

      —¿Yo? Sí, muy ocupada.

   6. _____

      —¿La mesa? Sí, es de metal.

Name _____ Section _____ Date _____

7. _____

—Hoy es jueves.

8. _____

—¿Sandra y Carlos? Bailando...

D. **Mensajes electrónicos.** Alberto comes home and finds several e-mails waiting for him. Complete each message, using the appropriate forms of stem-changing **e > ie** verbs.

| cerrar | empezar | pensar (3) |
| querer (2) | entender (2) | preferir |

1. ¡Hola! ¿Vas a la fiesta de Aníbal? _____ a las ocho. Si *(if)* tú _____, vamos en mi auto. —Celia

2. ¡Buenos días! Julia y yo _____ ir al club hoy. ¿Tú y Roberto _____ ir con nosotras? ¿O ustedes _____ ir al teatro *(theatre)*? —Marta

3. ¿Cómo estás? Yo, no muy bien... Tengo aquí mi libro de química y no _____ una palabra *(word)*. ¿Tú _____ la lección de química? ¡Es muy difícil! —Beto

4. Hola, Alberto. ¿Tú sabes a qué hora _____ la biblioteca? Raúl y yo _____ estudiar esta noche. ¡Mañana es el examen de inglés! ¿Y tú? ¿Qué _____ hacer? —Rocío

E. **Comparaciones.** Compare the following people and things to each other.

1. Luis es _____ Raúl y Paco.

   Paco es _____ Raúl y Luis.

   Paco es _____ de los tres.

   Luis es _____ de los tres.

2. Ana es _____ Eva.

   Dora es _____ Eva.

   Ana es _____ de las tres.

   Dora es _____ de las tres.

3. El coche *(car)* de Elsa es _____ el coche de Tito.

   El coche de Olga es _____ el coche de Tito.

   El coche de Elsa es _____ de todos.

   El coche de Olga es _____ de todos.

Name _____ Section _____ Date _____

F. Todo es lo mismo *(Everything is the same).* You realize that everything is the same. Indicate this by restating the following information using comparisons of equality.

1. Yo tengo cien libros y Roberto tiene cien libros.
   _____

2. Nosotros trabajamos mucho y ustedes trabajan mucho.
   _____

3. El restaurante Azteca tiene cincuenta mesas y el restaurante Versailles tiene cincuenta mesas.
   _____

4. Paquito toma mucha leche y Carlitos toma mucha leche.
   _____

5. Ernesto bebe mucho café y Julia bebe mucho café.
   _____

G. ¡Traductores trabajando! *(Translators at work!)* Translate the following sentences using pronouns as objects of prepositions.

1. Ana bought a book for me and a notebook for her. _____

2. Are you coming with me to the library? _____

3. We prefer to study with them. _____

4. They are thinking of going to Pablo's party with you (fam., sing.).? _____

5. —Are the flowers for me? _____

   —No, they are for Inés. _____

H. Crucigrama

HORIZONTAL
4. gambas
7. Quiero jamón con _____.
8. Como pan con _____.
9. una naranja, por ejemplo
11. Voy a pedir _____ de papas.
16. Quiero _____ de cebolla.
17. comienza
18. Quiero _____ de manzana.
20. *tasty*, en español
23. vegetal
24. Celebran su _____ de bodas.
25. Quiero _____ de vainilla.
26. Queremos pan _____.

Name _____ Section _____ Date _____

VERTICAL
1. mozo
2. Quiero flan con ____.
3. comer por la mañana
5. en este lugar *(place)*
6. lista de comidas y bebidas en un restaurante
7. Comemos ____ en el restaurante McDonald's.
10. *jam* o *marmalade,* en español

12. La ____ de hoy es cordero asado.
13. Quiero cordero ____.
14. *to pay,* en español
15. salmón, por ejemplo
19. *I prefer,* en español
21. Quiero ____ con leche.
22. Quiero un ____ caliente.

I. Comparaciones. Using the comparative and superlative adjectives and nouns, rewrite these sentences. *The order of the sentence structure in the answers may vary.*

MODELO: Ana tiene veinte años y Andrés tiene diecinueve años.

Ana es mayor que Andrés.

OR

Andrés es menor que Ana.

1. Los estudiantes de español hacen 50 ejercicios de gramática y los estudiantes de francés también hacen 50 ejercicios de gramática.

   _____

2. Yo prefiero comer dos hamburguesas y Joaquín prefiere comer cuatro.

   _____

3. Elisa da muchas fiestas. Ana da muchas fiestas también.

   _____

4. Luis Suárez es un jugador de fútbol excelente. No hay otro como él en el mundo.

   _____

J. ¿Qué pasa aquí? Look at the illustration and answer the following questions.

1. ¿En qué restaurante están Eva y Tito?
   _____

2. ¿Cuál es la especialidad de la casa?
   _____

3. ¿Cree usted que es un restaurante elegante?
   _____

4. ¿Eva va a pedir la especialidad de la casa?
   _____

5. ¿Qué prefiere comer Eva?
   _____

6. ¿Eva quiere puré de papas o papa asada?
   _____

7. ¿Qué quiere comer Tito?
   _____

Name _____ Section _____ Date _____

8. ¿Qué va a pedir Tito de postre?

_____

9. ¿Qué toman Tito y Eva?

_____

10. ¿Qué están celebrando Tito y Eva?

_____

11. ¿Adónde crees que van a ir después de cenar, al teatro o a un juego de béisbol?

_____

Para leer

Read the following story, and then answer the questions.

> Graciela y Roberto están en un restaurante. Ella está leyendo el menú y no sabe qué pedir: ¿Langosta...? ¿Cordero asado...? ¿Pollo...?
> Roberto sabe exactamente lo que va a pedir: bistec con puré de papas. Graciela decide pedir lo mismo°. Los dos van a beber vino tinto.
> Después de comer el postre y tomar café, los dos hacen planes para el día siguiente. Por la mañana piensan llevar a sus hijos a desayunar y por la tarde van a visitar a la mamá de Roberto.

lo mismo *the same thing*

¡Conteste!

1. ¿Dónde están Graciela y Roberto?

_____

2. ¿Qué está leyendo Graciela?

_____

3. ¿Qué no sabe ella?

_____

4. ¿Qué va a pedir Roberto?

_____

5. ¿Qué va a pedir Graciela?

_____

6. ¿Qué van a beber los dos?

_____

7. ¿Qué toman después de comer el postre?

   _____

8. ¿Para cuándo hacen planes?

   _____

9. ¿A quiénes piensan llevar a desayunar?

   _____

10. ¿Qué van a hacer por la tarde?

    _____

Para escribir

Write a dialogue between you and a waiter or waitress. Order a big meal, including a beverage and dessert, and then ask for the cheque.

_____

_____

_____

_____

_____

_____

_____

_____

_____

_____

_____

_____

_____

Name _____ Section _____ Date _____

LECCIÓN 6

Workbook Activities

Para practicar

A. La vida de un estudiante. Complete the following paragraph about David's day on campus.

Hoy yo tengo la clase de español. Yo _____ (recordar) que hay un examen mañana. Mi amiga, Esperanza, no _____ (poder) estudiar porque tiene que trabajar. Ella _____ (volver) del trabajo a las ocho. Nosotros _____ (encontrar) ejercicios en la página web *(web page)* del departamento de español. Por la noche yo _____ (dormir) ocho horas. En la mañana asisto a tres clases y después yo _____ (almorzar) con Esperanza en la cafetería. Nosotros vamos a la librería y Esperanza compra un libro que _____ (costar) veinte dólares. Por la tarde asisto a una clase y _____ (volver) a mi casa. ¡Yo siempre estoy muy ocupado!

B. ¿Qué hacen los demás? *(What do the others do?)* Nobody does what we do! Indicate this by using the information given to say what others do.

MODELO: Nosotros estudiamos en nuestra casa. (ellos / en la biblioteca)
Ellos estudian en la biblioteca.

1. Nosotros servimos café. (tú / té)
   _____

2. En un restaurante mexicano, nosotros pedimos tacos. (ellos / tamales)
   _____

3. Nosotros conseguimos libros en español. (Mirta / italiano)
   _____

4. Nosotros decimos que la clase es fácil. (Mario / difícil)

   _____

5. Nosotros seguimos en la clase de informática. (ustedes / química)

   _____

C. ¿Qué preguntan? Answer each of the following questions that a group of friends ask each other by filling in the corresponding direct object pronoun and the verb.

MODELO: —¿Necesitas fresas?

—Sí, las necesito.

1. —¿Me llamas mañana?

   —Sí, _____ _____ mañana.

2. —¿Vas a comprar el detergente *(two ways)*

   —Sí, _____ _____ a comprar ahora.

   or —Sí, _____ a comprar_____ ahora.

3. —¿Llevan ustedes a su hija a la escuela *(school)*?

   —Sí, _____ _____ a la escuela a las siete y media.

4. —¿Nos necesitan ustedes hoy?

   —Sí, _____ _____ hoy.

5. —¿Roberto te conoce?

   —Sí, _____ _____.

6. —¿Compras los camarones en ese mercado?

   —Sí, _____ _____ allí.

7. —¿Ellos los llaman a ustedes a las tres?

   —Sí, _____ _____ a las tres.

8. —¿Ustedes van a traer al hermano de Claudia hoy? *(two ways)*

   —Sí, _____ a traer_____ hoy.

   or —Sí, _____ _____ a traer hoy.

Name _____ Section _____ Date _____

D. Un mensaje importante. Complete the following message Aurora found on her answering machine by giving the Spanish equivalent of the words in parentheses.

Hola, Aurora, habla Leila. Necesito tu libro de historia.

¿_____ (1. *Can you bring it*) esta noche? Yo voy a _____

(2. *call you*) más tarde. ¿Tú hablas con Jorge hoy? Yo necesito _____ (3. *see him*)

mañana. Ah, Olga y yo tenemos que ir a la biblioteca el viernes. ¿Tú puedes _____

(4. *take us*)? Si puedes _____ (5. *do it*), puedes _____ (6. *call me*)

al 285-3942.

E. ¡Ni me hables! *(Don't even speak to me!)* You are in a very negative mood. Answer your friends' questions in the negative.

1. ¿Quieres café o té?
   _____

2. ¿Quieres comer algo?
   _____

3. ¿Vas a salir con alguien hoy?
   _____

4. ¿Siempre bailas salsa?
   _____

5. ¿Tienes algunos amigos de Managua?
   _____

6. ¿Tú ves a tus amigos de la universidad alguna vez en el verano?
   _____

F. ¿Cuánto tiempo hace? Indicate how long these things have been going on by using the information in parentheses and the expression **hace... que.**

MODELO: Yo trabajo aquí desde *(since)* enero. Estamos en junio.
Hace cinco meses que trabajo aquí.

1. Yo estoy en la cola desde las diez. (Son las once.)

   _____

2. Vivimos aquí desde el año 2012. (Estamos en 2015.)

   _____

3. Estudiamos desde las ocho. (Son las doce.)

   _____

4. Conozco a Julio desde septiembre. (Estamos en febrero.)

   _____

5. No veo a mis padres desde el lunes. (Hoy es sábado.)

   _____

G. La lista de Marisol. This is a list that Marisol wrote before going to the supermarket. Supply the missing words, using vocabulary from **Lección 6.**

1. _____ de cordero
2. papel _____
3. una _____ de huevos
4. _____ de tomate
5. _____ Tide
6. _____ de oliva
7. mariscos: _____ y _____

H. Crucigrama

HORIZONTAL

1. Hoy no trabajo. Tengo el _____ libre.
2. Tengo que comprar papel _____.
5. banana
10. persona que cocina *(fem.)*
12. Ana y Luis son _____ casados.
16. ¿Tú _____ ternera o cordero?
17. Yo no le pongo _____ al café.
18. Necesitan _____ de tomate.
19. Voy a preparar mis _____ espaguetis.
21. langosta, camarones, cangrejo, etc.
22. Compro salmón en la _____.

VERTICAL

1. Cheer o Tide, por ejemplo
3. ¿Cuánto _____ el pescado? ¿Tres dólares?
4. No vivo en una casa; vivo en un _____.
6. vegetal bajo en calorías
7. Yo _____ a mi casa a las tres.
8. Compro el pan en la _____.
9. Están en un mercado al aire _____.
11. Ellos compran _____ de cerdo.
13. ají
14. Él va a comer mucho porque está _____ de hambre.
15. vegetal favorito de Bugs Bunny
20. La carne es un poco _____.

I. En un mercado al aire libre. This is a conversation between doña María, a regular customer, and a vendor at an outdoor market. Supply the missing words, using vocabulary from **Lección 6**.

—Buenos días, doña María. ¿Qué _____ desea usted hoy? Las fresas y los

melocotones están muy sabrosos *(tasty)*.

—Quiero _____ para hacer jugo y _____ para hacer un pastel.

—¿Desea algo más?

—Sí, necesito carne. _____ de cerdo y de _____.

—¿Va a llevar algún tipo de mariscos?

—Sí, una _____ y seis _____.

—¿No desea camarones?

—No, no me gustan los camarones.

—Ah, doña María, su _____ estuvo ayer en la _____ para

_____ pescado y dejó su billetera *(wallet)* con dinero. ¿Usted puede llevársela.

—Sí, yo se la llevo, y muchas gracias.

J. ¿Qué dice aquí? Look at the supermarket ad on page 59 and answer the following questions.

1. ¿Cómo se llama el supermercado? ¿En qué ciudad está?
   _____

2. ¿Qué frutas puedes usted comprar a precios especiales?
   _____

3. ¿Cuánto debes pagar por un kilo de bananas?
   _____

4. ¿Qué puedes comprar en la carnicería del mercado?
   _____

5. En la pescadería, ¿qué puede comprar y cuánto debes pagar por cada kilo?
   _____

6. ¿Qué vegetales están rebajados *(marked down)* y cuánto cuestan ahora?
   _____

7. ¿Por cuánto tiempo duran *(last)* estos precios?
   _____

Name _____ Section _____ Date _____

Supermercado Díaz

El mejor mercado latino en Toronto
Aceptamos tarjetas de crédito

| J 13 | V 14 | S 15 | D 16 | L 17 | M 18 | M 19 |

Tomates $2.49/lb — 1.13/kg
Zanahorias $0.99/lb — 0.45/kg
Cebollas $0.99/lb — 0.45/kg
Naranjas $1.49/lb — 0.68/kg
Manzanas Fuji $1.49/lb — 0.68/kg
Bananas $0.79/lb — 0.36/kg
Pavo asado $14.31/lb — 6.49/kg
Salmón $9.99/lb — 4.53/kg
Bistec $16.80/lb — 7.62/kg
Pan $2.99 cada uno
Pollo entero $10.49 cada uno

¡Atención! libra (lb.) = *pound*, dólar $ = *dollar*

8. En la panadería, ¿cuánto cuesta el pan?

   _____

9. ¿Aceptan tarjetas de crédito *(credit cards)* en el mercado?

   _____

Para leer

Read the following story, and then answer the questions.

Antonio va a invitar° a unos amigos a comer. Por la mañana va a ir de compras al supermercado. Sabe que va a gastar mucho dinero, pero quiere preparar una cena magnífica. Piensa hacer un pastel de chocolate y para eso tiene que comprar harina°, leche, huevos, chocolate, mantequilla y azúcar. Va a preparar también una ensalada de frutas muy buena con naranjas, uvas, peras, bananas y otras frutas. Va a ir a la carnicería y a la pescadería para comprar pollo y mariscos para hacer una paella, un plato español típico que les va a gustar mucho a sus invitados°. No va a tener que comprar vino porque lo van a traer sus amigos.

invite

flour

guests

¡Conteste!

1. ¿A quiénes va a invitar Antonio a comer?

2. ¿Adónde va a ir por la mañana?

3. ¿Cómo va a ser la cena?

4. ¿Va a costar mucho dinero preparar la cena?

5. ¿Qué ingredientes usa para hacer la torta?

6. ¿Qué tipo de ensalada piensa preparar?

7. ¿Con qué frutas va a preparar la ensalada?

8. ¿Qué es una paella?

9. ¿Puede decirnos dos ingredientes de la paella?

10. ¿Quiénes van a traer el vino?

Para escribir

Write an e-mail to your parents telling them about a meal you are going to prepare for some friends. Tell whom you are going to invite and what you are going to eat. You can also mention the ingredients of a particularly good dish, what else you are going to do, and whether you are going to have fun. Combine what you have learned about letter writing and sequencing words.

_____

_____

_____

_____

_____

_____

_____

_____

_____

_____

Sobre el mundo hispánico. Refer to this section of your textbook to see how much you remember. Indicate the word that correctly completes each sentence.

1. De todos los países centroamericanos, Costa Rica tiene el (mayor / menor) número de analfabetos.
2. Costa Rica tiene excelentes programas para proteger (la economía / la ecología).
3. La cultura de Panamá es una mezcla de (tradiciones / lenguas).
4. La principal fuente de ingreso de Panamá proviene (de la agricultura / del Canal).
5. La música típica de Colombia es (cumbia / tango).
6. Nicaragua es un país muy atractivo para jóvenes canadienses porque pueden practicar deportes acuáticos como surf en sus (playas / lagos).

LECCIÓN 7

Workbook Activities

Para practicar

A. Para hablar del pasado. Complete the following chart with the missing forms of the preterite.

Infinitive	yo	tú	usted, él, ella	nosotros(as)	ustedes, ellos(as)
1. hablar	hablé	hablaste	habló	hablamos	hablaron
2. trabajar	trabajé			trabajamos	
3. cerrar			cerró		
4. empezar		empezaste			
5. llegar				llegamos	
6. buscar					buscaron
7. comer	comí	comiste	comió	comimos	comieron
8. beber			bebió		
9. volver	volví				
10. leer			leyó		
11. creer	creí				
12. vivir	viví	viviste	vivió	vivimos	vivieron
13. escribir		escribiste			
14. recibir				recibimos	
15. abrir			abrió		

B. ¿Qué pasó ayer? Compare what everybody always does to what they did yesterday, using the cues provided.

1. Sergio siempre nada por la mañana. (por la tarde)

   _____

2. Yo siempre corro a la playa. (al parque)

   _____

3. Ellos siempre leen *Maclean's*. *(Canadian Business)*

   _____

4. Uds. siempre empiezan a estudiar a las siete. (nueve)

   _____

5. Yo siempre llego a casa temprano. (tarde)

   _____

6. Daniela siempre come en la cafetería. (en su casa)

   _____

7. Yo siempre saco fotos en el zoológico. (en el museo)

   _____

8. Tú siempre compras flores para tu amiga. (para tu mamá)

   _____

C. En el pasado... Rewrite the following dialogue in the past.

—¿Adónde vas?
—Voy a la fiesta que da Sergio.
—¿Susana va contigo?
—No. Oye, ¿tú das una fiesta el sábado?
—Yo doy una fiesta, pero no es el sábado.
—¿El Dr. Vargas y la Dra. Torres van a tu fiesta?
—Sí, ellos son mis profesores.

_____

_____

_____

_____

Name _____ Section _____ Date _____

_____
_____
_____
_____

D. De compras. We went shopping yesterday to buy presents for each other for the coming holidays. To indicate who bought what for whom, follow the model.

MODELO: yo / a papá / una cafetera
          Yo le compré una cafetera a papá.

1. papá / a mí / unas entradas a un concierto
   _____

2. mamá / a ti / un florero
   _____

3. yo / a mis hermanos / ropa
   _____

4. mis padres / a nosotros / unos boletos para el teatro
   _____

5. mi abuela / a mi hermana / un reloj
   _____

6. nosotros / a los niños / unas bicicletas
   _____

7. tú / a tu amiga / una mochila
   _____

8. Ud. / a sus amigos / libros
   _____

E. **Conversaciones breves.** Complete the exchanges you heard in the school cafeteria, using the Spanish equivalent of the words in parentheses.

1. —¿Tus padres _____ dinero? *(sent you)*

   —Sí, _____ quinientos dólares. *(they sent me)*

2. —Tu novio está en Costa Rica. ¿Tú _____? *(write to him)*

   —Sí, yo _____ todos los días. *(write to him)*

3. —¿El profesor _____ en inglés? *(speaks to you, pl.)*

   —No, él siempre _____ en español. *(speaks to us)*

4. —Profesor, ¿la secretaria _____ los libros? *(gave you)*

   —Sí, esta mañana.

5. —¿Tú _____? *(paid them)*

   —Sí, _____ ayer. *(I paid them)*

F. **¿Qué nos gusta?** Complete the following chart, using the Spanish construction with **gustar.**

English	Indirect Object	Verb **gustar**	Person(s) or Thing(s) Liked
1. I like this book.	Me	gusta	**este libro.**
2. I like these flowers.	Me	gustan	**estas flores.**
3. You *(fam.)* like the movie.	Te		
4. He likes the games.	Le		**los partidos.**
5. She likes the beach.			
6. We like that movie theatre.	Nos		
7. You *(pl.)* like the restaurant.	Les	gusta	
8. They like to ski and skate.			
9. I like this museum.			
10. He likes to swim.			
11. We like those bikes.			

Name _____ Section _____ Date _____

G. Eso me gusta más. Rewrite the following sentences, substituting **gustar más** for **preferir**, to indicate what everybody likes better. Remember to include the indirect object pronoun.

MODELO: Mi mamá prefiere esa computadora.
A mi mamá le gusta más esa computadora.

1. Mis padres prefieren ir al teatro.
_____

2. Mi hermano prefiere los restaurantes mexicanos.
_____

3. Yo prefiero ir al partido de béisbol.
_____

4. ¿Tú prefieres esas flores?
_____

5. Nosotros preferimos salir temprano.
_____

6. ¿Ustedes prefieren el verano?
_____

H. La rutina diaria. Every day you follow the same routine. Say what you do at each hour.

MODELO: 7:00 de la mañana
A las 7:00 de la mañana me despierto.

1. 7:15 de la mañana / levantarse
_____

2. 8:00 de la mañana / ducharse
_____

3. 8:30 de la mañana / desayunar
_____

4. 9:00 de la mañana / irse de la casa
_____

5. 9:30 de la mañana / empezar a estudiar en la universidad
_____

6. 3:30 de la tarde / volver a casa

   _____

7. 6:00 de la tarde / cenar

   _____

8. 10:00 de la noche / lavarse la cara

   _____

9. 11:00 de la noche / acostarse

   _____

10. 11:15 de la noche / dormirse

    _____

Now, repeat the exercise expressing how you followed the same routine yesterday.

MODELO: *Ayer a las 7:00 de la mañana me desperté.*

1. _____
2. _____
3. _____
4. _____
5. _____
6. _____
7. _____
8. _____
9. _____
10. _____

Name _____ Section _____ Date _____

I. Crucigrama

HORIZONTAL
2. comer algo por la tarde
4. *beach,* en español
6. opuesto de **divertirse**
8. el Louvre, por ejemplo
9. opuesto de **rico**
11. *to complain,* en español
13. *plan,* en español
14. *to skate,* en español
17. siete días
19. Es la _____ de una boda.
21. ¿Van al cine o al _____?
22. opuesto de **acostarse**
23. *to break,* en español

VERTICAL
1. Vamos a un _____ de béisbol.
3. Van a bailar a una _____.
4. opuesto de **responder**
5. ayer por la noche
7. Ponemos flores en un _____.
10. opuesto de **salir**
12. las doce de la noche
13. Canada's Wonderland es un _____ de diversiones.
15. opuesto de **tarde**
16. ir a ver
18. Me gusta _____ en bicicleta.
20. Fue la última _____ que lo vi.

WORKBOOK, LECCIÓN 7

J. Actividades de fin de semana. A group of friends likes to do different activities on the weekends so they don't get bored. Find which activities they like to do according to the clues provided. Consult the vocabulary from **Lección 7**.

1. A Alicia le gusta estar en el agua.

   Ella quiere _____.

2. A Esteban le gustan los lugares altos.

   Él desea _____.

3. Tomás y Sergio son muy buenos con animales.

   Ellos desean _____.

4. A todos los amigos les gusta comer al aire libre.

   Ellos quieren _____.

5. A Esteban y a Pablo les gusta el frío.

   Ellos prefieren _____.

6. Alicia y Esteban están interesados en el arte moderno.

   Ellos desean _____.

Ahora, ¿puedes decir quiénes son más activos y por qué?

_____
_____
_____

Name _____ Section _____ Date _____

K. ¿Qué pasa aquí? Look at the illustration and answer the following questions.

1. ¿Qué no le gusta a Luis?

   _____

2. ¿Adónde le gusta ir?

   _____

3. ¿Luis es menor o mayor que Lidia?

   _____

4. ¿Quién se está quejando?

   _____

5. ¿Adónde quiere ir ella?

   _____

6. ¿Qué crees que le gusta hacer a Lidia?

   _____

7. ¿Qué quiere ver don Aurelio en la televisión?

   _____

8. ¿A él le gustan las telenovelas?

   _____

9. ¿Qué recibió Magali?

_____

10. ¿A qué hora es la recepción?

_____

Para leer

Read the following story about Ángela and Amalia, and then answer the questions.

Ángela y Amalia son compañeras de cuarto. Ángela se levantó muy temprano hoy, pero Amalia todavía está durmiendo porque anoche fue a una recepción y volvió muy tarde. Se acostó a la medianoche. Ángela tiene muchos planes para esta tarde: estudiar en la biblioteca, visitar a una amiga que está en el hospital y, por la noche, mirar un programa educativo en la televisión. Amalia piensa ir al club a nadar y a patinar, y por la noche va a ir a un club con unos amigos. Amalia siempre invita a Ángela a ir con ella, pero Ángela nunca acepta. Amalia dice que Ángela se va a aburrir si no sale más.

¡Conteste!

1. ¿Quién es la compañera de cuarto de Ángela?

_____

2. ¿Amalia está durmiendo todavía o ya se despertó?

_____

3. ¿Adónde fue Amalia anoche?

_____

4. ¿A qué hora se acostó?

_____

5. ¿Dónde va a estudiar Ángela esta tarde?

_____

6. ¿Dónde está la amiga de Ángela?

_____

7. ¿Qué va a hacer Ángela por la noche?

_____

8. ¿Qué piensa hacer Amalia en el club?

   _____

9. ¿Adónde va a ir por la noche?

   _____

10. ¿Ángela acepta las invitaciones de Amalia?

    _____

Para escribir

Clarity is an important element in any type of writing. A chronological relation of actions or events is one technique you can use to convey a clear picture for your reader. Indicating days of the week, time, or general time references **(por la mañana / tarde)** helps establish a clear sequence of events. Other useful sequencing words are **primero, luego, después, por fin, finalmente.**

Write one or two paragraphs about what you did yesterday and where you went. Relate the events chronologically, and include what time you got up and what time you went to bed.

LECCIÓN 8

Workbook Activities

Para practicar

A. En el pasado. Complete the chart below with the missing forms of the infinitive and preterite.

Infinitive	yo	tú	usted, él, ella	nosotros(as)	ustedes, ellos(as)
1. traducir			tradujo		
2. traer		trajiste			
3.	tuve				tuvieron
4.			puso		pusieron
5. saber		supiste			
6.	hice			hicimos	
7.			quiso		quisieron
8.		condujiste		condujimos	
9. estar			estuvo		
10.	dije			dijimos	
11.	pude	pudiste			
12.			vino		vinieron

B. ¿Qué pasó? Complete the exchanges you heard at the club yesterday with the preterite of the verbs in parentheses.

1. —¿Tus hermanos _____ (venir) esta mañana?

   —Sí, y nos _____ (traer) las bolsas de dormir. Yo las _____ (poner) en mi cuarto.

2. —¿Roberto _____ (poder) ir al cine ayer o _____ (tener) que trabajar?

   —Él _____ (estar) en casa de sus amigos todo el día.

3. —¿Qué te _____ (decir) tus padres de sus planes para el verano?

   —No _____ (querer) decirme nada todavía (*yet*).

4. —¿Cómo _____ (venir) tu primo a tu apartamento ayer?

   —Él _____ (conducir) el coche de su papá.

C. **¿A quién se lo damos?** Complete the chart below with the Spanish equivalent of the English sentences. Use the masculine singular direct object pronoun **lo** in each response.

English	Subject	Indirect Object Pronoun	Direct Object Pronoun	Verb
1. I give it (*m.*) to you.	Yo	te	lo	doy.
2. You give it to me.	Tú			
3. I give it to him.		se		
4. We give it to her.				damos.
5. They give it to us.				
6. I give it to you (**usted**).				
7. You give it to them.	Tú			

D. **¿Quién hace qué?** Tell who did what by rewriting the following sentences, replacing the direct object with a direct object pronoun.

1. Anita me compra una raqueta.

   _____

2. El señor te vende unos palos de golf.

   _____

3. Yo le presto una caña de pescar.

   _____

Name _____ Section _____ Date _____

4. Ellos nos quieren vender el coche.
   _____

5. Yolanda le va a dar la canoa a su hermano.
   _____

6. Te tenemos que traer el termo.
   _____

E. **¿Lo hicieron o no?** Someone wants to know whether everyone did what they were supposed to do. Answer the following questions in the affirmative, replacing the direct objects with direct object pronouns.

1. ¿Tú me trajiste el dinero?
   _____

2. ¿Ellos les dieron los palos de golf a ustedes?
   _____

3. ¿Tú le diste el termo a Mirta?
   _____

4. ¿Tus padres te compraron la raqueta?
   _____

5. ¿Ellos le trajeron la cesta a usted?
   _____

6. ¿Los chicos les prestaron las bolsas de dormir a ellas?
   _____

7. ¿Tú me limpiaste la casa?
   _____

8. ¿Ellos les prepararon la comida a ustedes?
   _____

F. ¿Y qué hicieron ellas? Lola and Marisol never do what others do. Tell what happened last week. Use the information given.

1. En el restaurante todos pedimos tamales. (ellas / tacos)
   _____

2. En la fiesta yo serví champán. (Lola / cerveza)
   _____

3. Nosotros nos divertimos mucho en el club. (ellas / no)
   _____

4. Cuando estuvimos en Bogotá todos dormimos en un hotel. (Marisol / en casa de una amiga)
   _____

5. Para ir al restaurante elegante todos nos vestimos de negro. (ellas / de rojo)
   _____

G. ¿Qué sucedió? *(What happened?)* Rewrite the following sentences to indicate that everything happened in the past.

1. Él viene a verme. Me pide dinero y yo se lo doy.
   _____

2. Los chicos se divierten mucho, pero después tienen que trabajar.
   _____

3. Ellos traen las cartas, las traducen y las ponen en el escritorio.
   _____

4. Ella está en la fiesta. ¿Qué hace él?
   _____

5. Nosotros hacemos el café y ellos lo sirven.
   _____

6. Ella no puede venir hoy, pero no les dice nada.
   _____

7. Muchas personas mueren en accidentes.
   _____

8. Teresa no consigue trabajo, pero sigue buscando.
   _____

Name _____ Section _____ Date _____

H. ¿Qué hacían de niño(a)? Use the imperfect to rewrite the sentences about what the following people did on holidays as children.

1. Tú sales de la ciudad cada julio.
   _____

2. Nosotros vamos a la playa y tomamos el sol.
   _____

3. Yo buceo y hago surf.
   _____

4. Mis amigas pasan el verano en las montañas.
   _____

5. Te encanta dormir en una tienda de campaña.
   _____

6. Los chicos están contentos cuando acampan.
   _____

I. En otros tiempos. Complete the following exchanges about life in the past with the Spanish equivalent of the words in parentheses.

1. —¿Ustedes veían a sus abuelos _____? *(frequently)*

   —No, los veíamos muy _____. *(rarely)*

2. —¿A qué hora te levantabas tú _____. *(generally)*

   —Me levantaba a las seis _____. *(normally)*

3. —¿Tú entendías a tu profesora de japonés?

   —Sí, porque siempre hablaba _____. *(slowly and clearly)*

J. Crucigrama

HORIZONTAL

2. Necesitamos la bolsa de _____.
8. Soy _____ en hacer fogatas.
9. Me gusta mucho. Me _____.
10. El Erie es un _____.
12. Delia me trajo la _____ de picnic.
14. Yo _____ de llegar al hotel.
15. Para ir a la playa necesito mi _____ de baño.
16. Tengo una caña de _____ nueva.
18. Anoche comimos pescado _____.
21. Ellos van a hacer _____ acuático.
22. No voy a comprar la casa. La voy a _____.
23. Me gusta _____ surf.
24. chico
25. Mi papá me compró una _____ de mar.

VERTICAL

1. A ella no le gustan las _____ al aire libre.
3. No voy en canoa porque no sé _____.
4. a menudo
5. Están en un hotel de cinco _____.
6. Él siempre me toma el _____.
7. Raúl necesita los _____ de golf.
11. Voy a armar la tienda de _____.
13. Hicimos comida por si _____ tenían hambre.
17. Ayer compré una _____ de tenis.
19. Pusimos el café en el _____.
20. Vamos a _____ el sol en la playa.

Name _____ Section _____ Date _____

K. En un gimnasio *(In a gymnasium)*. Complete the following conversation you heard at the gymnasium by supplying the missing words. Use vocabulary from **Lección 8.**

—Luis, ¿qué vas a hacer este fin de semana?

—Mis primos me invitaron a ir a _____ con ellos.

—¿Piensan alquilar una cabaña *(cabin)*?

—No, vamos a llevar tiendas de _____ y _____ de dormir.

—¿Van a _____?

—Sí, tengo una _____ de pescar nueva. Además, Julio tiene una _____ y pensamos remar por el lago.

—¿Cuánto tiempo van a estar allí?

—Sólo dos o tres días, pero pienso _____ una caminata todos los días. Y tú, ¿qué vas a hacer?

—Voy a ir a la playa para nadar, _____ y hacer surf.

L. ¿Qué dice aquí? Read the newspaper ad, and then answer the following questions.

¡Nuestro país magnífico!

¿Usted ama los deportes y las actividades al aire libre? Debe venir a Puerto Rico. Aquí va a encontrar magníficas oportunidades para disfrutar de la naturaleza.

Usted puede:

- Nadar en las bellas playas naturales o en las magníficas piscinas° de los hoteles de lujo — *swimming pools*
- Acampar en las playas o en las montañas
- Aprender a bucear
- Jugar al fútbol y al tenis en este país de campeones
- Pescar en el mar o en los ríos° y los lagos — *rivers*

1. ¿Qué deben hacer las personas que aman los deportes y las actividades al aire libre?

2. ¿Por qué es Puerto Rico el lugar ideal para esas personas?

3. ¿Cómo son las playas de Puerto Rico?

4. Además de nadar en las playas, ¿dónde se puede nadar?

5. ¿Dónde se puede acampar en este país?

6. ¿Qué se puede aprender a hacer en Puerto Rico?

Name _____ Section _____ Date _____

7. ¿En qué lugares se puede pescar?
   _____

8. ¿Qué deportes puede usted practicar en Puerto Rico?
   _____

Para leer

Read the following note Lucía wrote to her friend Amelia and then answer the questions.

Querida Amelia:

¡No puedo creerlo! Hace una semana que estoy aquí. Ya que no podemos conversar, te mando este mensaje y me hago la ilusión de que estás en Puerto Rico conmigo.

Hugo y yo fuimos a acampar cerca de un lago. Hemos hecho de todo: hicimos una caminata, nadamos, buceamos, remamos... Hugo fue de pesca con sus primos y Estela y yo fuimos a la playa a tomar el sol.

Queremos quedarnos° más tiempo pero tenemos que volver porque empezamos a trabajar el 30 de agosto.   *stay*

Te llamo muy pronto.

             Cariños
             Lucía

¡Conteste!

1. ¿Cuánto tiempo hace que Lucía y Hugo están en Puerto Rico?
   _____

2. ¿Qué no pueden hacer Amelia y Lucía?
   _____

3. ¿Adónde fueron a acampar Hugo y Lucía?
   _____

4. ¿Qué hicieron ellos?
   _____

5. ¿Qué hicieron Hugo y sus primos?
   _____

6. ¿Con quién fue Lucía a la playa? ¿Qué hizo allí?
   _____

7. ¿Por qué no pueden quedarse Hugo y Lucía más tiempo?

_____

8. ¿Cuándo van a empezar a trabajar ellos?

_____

9. ¿Qué va a hacer Lucía muy pronto?

_____

Para escribir

María Inés was supposed to go with you and a group of friends for a fun-filled weekend but couldn't make it. E-mail her and tell her what you did and what she missed. Start by brainstorming a list of possible activities.

_____

_____

_____

Now write your e-mail to María Inés.

_____

_____

_____

_____

_____

_____

_____

_____

_____

_____

_____

_____

Name _____ Section _____ Date _____

Sobre el mundo hispánico. Refer to this section of your textbook to see how much you remember. Indicate the word that correctly completes each sentence.

1. La capital de Cuba es (Varadero / La Habana).
2. Puerto Rico es un (estado / territorio) de los Estados Unidos.
3. Santo Domingo fue la (primera / tercera) ciudad europea fundada en el Nuevo Mundo.
4. Simón Bolívar nació *(was born)* en (Caracas / Bogotá).
5. A los turistas les gustan las oportunidades de (acuaturismo / ecoturismo) que existen en Venezuela ahora.

LECCIÓN 9

Workbook Activities

Para practicar

A. *¿Por o para?* Complete each sentence with either **por** or **para**, and indicate the reason for your choice by placing its corresponding letter beside the preposition in the blank provided.

Uses of **por**	Uses of **para**
a. motion: through, along, by, via	g. destination in space
b. cause or motive of an action	h. goal for a specific point in time
c. means, manner, unit of measure	i. whom or what something is for
d. in exchange for	j. objective
e. period of time during which an action takes place	k. in order to
f. in search of	

Mañana salgo _____ Quito. Voy _____ avión *(airplane)*. Pagué $400 _____ los pasajes *(tickets)*. Pienso estar allí _____ dos semanas. Llevo regalos _____ todos mis amigos ecuatorianos. Ayer llamé _____ teléfono a Eduardo _____ decirle que llego a las ocho de la noche. Él va a venir _____ mí al aeropuerto. Tengo que volver _____ el 30 de agosto _____ empezar las clases. Yo estudio _____ profesor.

B. *¿Cómo, por qué y para qué?* Complete the following sentences, using **por** or **para** appropriately, according to the information given.

1. Le compré una cartera a Lucía. La cartera es _____.

2. La puerta estaba cerrada. Tuve que entrar _____.

3. El impermeable me costó $100. Pagué $100 _____.

4. Necesito hablar con Silvia. La voy a llamar _____.

5. Trabajamos de las siete a las once de la mañana. Trabajamos _____.

6. Había mucho tráfico y llegamos tarde. Llegamos tarde _____.

7. Voy a estar en México desde el 5 de enero hasta el 5 de marzo.

   Voy a estar en México _____.

8. Vengo con el propósito (*purpose*) de hablar con usted. Vengo _____.

C. **¿Qué tiempo hace?** What comments might these people be making about the weather? Notice where they are and the time of year.

   1. Raquel está en Vancouver en invierno.

      _____

   2. Olga está en el Yukon en enero.

      _____

   3. Ana está en Phoenix, Arizona, en julio.

      _____

   4. Pedro está en Londres en febrero.

      _____

   5. Mario está en Chicago en marzo.

      _____

D. **Lo que fue y lo que era.** Complete the following sentences, using the preterite or the imperfect. Then indicate the reason for your choice by placing the corresponding letter or letters in the blank provided before each sentence.

Preterite	Imperfect
a. Reports past actions or events that the speaker views as finished and complete	c. Describes past actions or events in the process of happening, with no reference to their beginning or end
b. Sums up a condition or state viewed as a whole (and no longer in effect)	d. Indicates a repeated or habitual action: *used to, would,* ...
	e. Describes a physical, mental, or emotional state or condition in the past
	f. Expresses time or age in the past
	g. Is used in indirect discourse
	h. Describes in the past or sets the stage

Name _____ Section _____ Date _____

(_____) 1. Ayer ellos _____ (celebrar) su aniversario de bodas.

(___/___) 2. Cuando nosotros _____ (ser) niños, siempre _____ (ir) a fiestas de cumpleaños.

(_____) 3. _____ (Ser) las cuatro de la tarde cuando llegaron a la fiesta.

(___/___) 4. Anoche yo _____ (ir) al restaurante y _____ (comer) langosta.

(___/___) 5. Anoche, en la fiesta, Elsa _____ (tomar) mucha agua porque _____ (tener) mucha sed.

(_____) 6. Me dijo que tú _____ (querer) ir a la tienda.

(___/___) 7. Yo _____ (ir) al club cuando _____ (ver) a Roberto.

(_____) 8. Ella me llamó mientras yo _____ (estar) en la fiesta.

(___/___) 9. Toda la semana, _____ (hacer) mucho calor y el cielo _____ (estar) nublado.

(_____) 10. Ayer me _____ (sentir) mal todo el día.

(_____) 11. ¿Tú _____ (divertirse) anoche en el baile?

(___/___) 12. Julio _____ (bailar) con otra chica cuando _____ (llegar) su novia.

E. **La vida de Amalia.** Tell us about Amalia by completing the following sentences using the Spanish equivalent of the words in parentheses.

1. Cuando Amalia _____ *(was a child)*, ella y su familia _____ *(lived)* en Bogotá y siempre _____ *(used to go)* de vacaciones a Costa Rica.

2. Amalia _____ *(used to speak)* inglés con sus padres, pero sus amigos siempre _____ *(spoke to her)* en español.

3. _____ *(It was)* las ocho cuando Amalia _____ *(arrived)* a su casa anoche.

4. Ayer Amalia _____ *(told me)* que _____ *(she needed)* dinero.

5. _____ *(It was cold)* cuando Amalia _____ *(left)* de su casa esta mañana.

F. **¿Cuánto tiempo hace de eso?** *(How long ago was that?)* Carlos and Raquel are sitting in a restaurant, complaining about everything, especially having to wait. Indicate how long ago everything happened by giving the Spanish equivalent of the words in parentheses.

CARLOS   ¿Dónde está el mozo? _____ y

todavía no nos trae el menú. *(We arrived twenty minutes ago)*

RAQUEL   ¡_____! ¡Tengo hambre!

(I had breakfast six hours ago!)

CARLOS   ¡Ah! ¿Hablaste con tu hermana?

RAQUEL   Sí, _____ y me dijo que

necesitaba dinero. *(I spoke with her two days ago)*

CARLOS   ¿Qué hace esa chica con el dinero? Tu papá le envió dinero _____

_____. *(a month ago)*

RAQUEL   ¡No lo sé! ¡Ah! Aquí viene el mozo.

G. **Lo nuestro y lo de ellos.** Complete each sentence, using the possessive pronoun that corresponds to each subject.

MODELO: Yo tengo mis libros y Julio tiene _____.

Yo tengo mis libros y Julio tiene los suyos.

1. Ellos necesitan sus zapatos y nosotros necesitamos _____.
2. A mí me gusta mi casa y a mi hermana le gusta _____.
3. Ella envió sus regalos y yo envié _____.
4. Yo hablé con mi profesor y Eva habló con _____.
5. Antonio puede llevar a su novia y tú puedes llevar a _____.
6. Olga trajo su abrigo y yo traje _____.
7. Ellos invitaron a su profesora y nosotros invitamos a _____.
8. Mis pantalones son negros. ¿De qué color son _____, Paquito?

H. **Crucigrama**

HORIZONTAL
4. ni grande ni pequeña
7. Todo _____ un ojo de la cara.
9. Lo usan los hombres y las mujeres.
11. opuesto de **largo**
12. sin zapatos
13. opuesto de **encuentra** *(finds)*
18. la capital de Perú
19. Estudia en la _____ de medicina.
20. Se puso una _____ blanca y un pantalón azul.
22. Uso zapatos de _____ alto.
25. Lo usan las mujeres.
27. Es una camisa de _____ largas.
28. opuesto de **caro**
29. Me quedan chicos; me _____.

Name _____ Section _____ Date _____

VERTICAL
1. *suit*, en español
2. Ella ____ mucho dinero cuando va de compras.
3. en una tienda, lugar donde nos probamos la ropa
4. Estas sandalias están de ____.
5. *store*, en español
6. *gift*, en español
8. ni zapatos ni botas
10. Se usa con una falda.
11. *tie*, en español
14. Me puse una ____ y una blusa.
15. Ella usa ____ pequeña.
16. *chain*, en español
17. tienda donde compramos zapatos
21. tal vez
23. ¿Qué número ____ tú? ¿El diez?
24. No tengo ____ que ponerme.
26. metal precioso

I. ¿Qué está pasando? A group of friends went shopping together, but when they returned home, they found that some of the items purchased had problems. Identify what items each person bought according to the information provided. Fill in the blanks using the vocabulary from **Lección 9**.

1. La mamá de Elisa le dijo que no va a poder correr con _____.

2. Lo que compró Mario no es cómodo en la cintura *(the waist)*. Él compró _____.

3. Raúl necesitaba un traje para el invierno y compró un traje azul, una corbata azul y blanca y una _____ de manga corta. Su padre le dijo que la _____ no la puede usar en invierno.

4. Cuando Susana llegó a su casa se dio cuenta *(realized)* que no podía usar los _____ porque el tacón de uno de ellos estaba roto *(broken)*.

J. ¿Qué pasa aquí? Look at the illustration and answer the questions that follow.

Name _____ Section _____ Date _____

1. ¿Qué se va a probar Carmen?
   _____

2. ¿El vestido está en liquidación *(sale)*?
   _____

3. ¿Qué le quiere comprar Carmen a Pablo?
   _____

4. ¿Qué quiere comprar Rosa?
   _____

5. ¿Qué lleva Rosa en la mano?
   _____

6. ¿Qué número calza Adela?
   _____

7. ¿Le van a quedar bien los zapatos a Adela?
   _____

8. ¿Le van a quedar grandes o chicos?
   _____

9. ¿Adela piensa comprar las botas?
   _____

10. ¿Cómo se llama la tienda?
    _____

Para leer

Read the following story about Carlos Alberto, and then answer the questions.

Mañana pienso levantarme a las seis de la mañana. En seguida voy a bañarme, afeitarme y vestirme porque quiero salir temprano para ir de compras. Voy a desayunar en una cafetería del centro° y a las ocho voy a estar en la tienda La Época, donde tienen una gran liquidación°. Necesito comprar un traje, dos camisas, un pantalón y dos o tres corbatas. Después voy a ir al departamento de señoras para comprarle un vestido a mi hermana; también quiero comprarle una blusa y una falda a mamá, pero no sé qué talla usa. Además°, a mamá nunca le gusta nada.

downtown

sale

Besides

¡Conteste!

1. ¿Carlos Alberto piensa levantarse temprano o tarde?

2. ¿Qué va a hacer en seguida?

3. ¿Para qué quiere salir temprano?

4. ¿Va a desayunar en su casa?

5. ¿A qué hora quiere estar en la tienda?

6. ¿Por qué quiere ir Carlos Alberto a la tienda La Época?

7. ¿Qué va a comprar Carlos Alberto?

8. ¿A qué departamento tiene que ir para comprar el vestido?

9. ¿Qué quiere comprarle Carlos a su mamá?

10. ¿Qué le gusta a la mamá de Carlos Alberto?

Para escribir

Write an e-mail to a friend who lives in another province or country. Make comments about the weather where you live, and tell him or her about some of your activities, including your last trip to the mall. Arrange the events chronologically and add any interesting details.

LECCIÓN 10

Workbook Activities

Para practicar

A. Para completar. Fill in the blanks with the missing infinitive or past participle of each verb.

1. depositar: _____
2. _____: cobrado
3. hacer: _____
4. _____: recibido
5. escribir: _____
6. _____: comido
7. morir: _____
8. _____: dicho
9. abrir: _____
10. _____: roto
11. volver: _____
12. _____: cerrado
13. poner: _____
14. _____: bebido
15. ver: _____
16. _____: leído

B. Todo está hecho. Complete the following sentences with the Spanish equivalent of the words in parentheses to indicate what is going on.

1. La cuenta está _____. *(paid)*
2. Las ventanas están _____. *(closed)*
3. Los mensajes están _____ en inglés. *(written)*
4. La planilla está _____. *(signed)*
5. El coche está _____. *(parked)*
6. Los documentos están _____. *(translated)*
7. El banco está _____. *(open)*
8. El formulario está _____. *(dated)*

C. **¡Pobre Marisol!** Rewrite the following to say what has happened to Marisol. Use the present perfect tense.

1. Marisol pierde las llaves y no las encuentra.

   _____

2. Va a casa de su novio, pero no lo ve.

   _____

3. Estaciona su coche frente a un hidrante *(fire hydrant)*.

   _____

4. Sus amigos no la invitan a la fiesta.

   _____

5. Tú no la llamas por teléfono.

   _____

6. Nosotros no le traemos nada de Asunción.

   _____

7. En el banco hace una cola de una hora.

   _____

8. Sus padres no la esperan para cenar.

   _____

9. Pide un préstamo y no se lo dan.

   _____

10. Trata de sacar dinero del cajero automático y no puede.

    _____

D. **Ocupada.** Mrs. García went on a short business trip to La Paz. Her husband and her children were very efficient during her absence. Indicate what everybody had done by the time she came home. Use the past perfect tense.

1. Yo _____ (ir) al banco y _____ (poner) dinero en su cuenta.

2. Papá _____ (llevar) el coche al mecánico.

3. Laura y Alicia _____ (hacer) las compras en el supermercado.

4. Tú _____ (abrir) una cuenta en el banco.

5. Esteban y yo _____ (limpiar) la casa y _____ (sacudir) los muebles.

6. Todos nosotros _____ (ser) muy eficientes.

E. Quieren que ... Complete the following chart to review the present subjunctive forms.

Infinitive	**yo**	**tú**	**usted, él, ella**	**nosotros(as)**	**ustedes, ellos(as)**
1. bajar	baje	bajes	baje	bajemos	bajen
2. esperar					
3. comer	coma	comas	coma	comamos	coman
4. beber					
5. abrir	abra	abras	abra	abramos	abran
6. recibir					
7. hacer	haga				
8. decir		digas			
9. cerrar			cierre		
10. volver				volvamos	
11. sugerir					sugieran
12. dormir				durmamos	
13. sentir					sientan
14. comenzar	comience				
15. llegar					
16. buscar					
17. dar		des			
18. estar			esté		
19. ir				vayamos	
20. ser					sean
21. saber	sepa				

F. ¿Qué quieren que hagamos? To indicate what everyone wants everybody else to do, complete the chart with the Spanish equivalent of the English sentences.

English	Subject	Verb	que	Subject of Subordinate Clause	Verb in the Subjunctive
1. He wants me to speak.	Él	quiere	que	yo	hable.
2. I want you to learn.				tú	
3. You want him to go out.	Tú				
4. She wants us to drink.					bebamos.
5. We want her to come.				ella	
6. You *(pl.)* want them to read.	Ustedes				
7. They *(m.)* want you to travel.				ustedes	
8. You *(pl.)* want us to study.	Ustedes				
9. They *(m.)* want us to write.					escribamos.
10. He wants us to sleep.	Él				
11. I want you to wait.				tú	
12. They *(f.)* want you *(pl.)* to begin.				ustedes	
13. She wants him to work.					
14. We want them *(f.)* to go.					

G. Sugerencias y consejos. Each individual in this list has a different problem. You are the appropriate person to make suggestions according to their needs. Make sure you use the subjunctive. Start the sentences using either **Le(s) sugiero** or **Le(s) aconsejo**.

1. Estela necesita un billete barato para viajar a París.

   _____

2. Los estudiantes van de viaje y no quieren pagar exceso de equipaje.

   _____

3. Los amigos de Rosario temen viajar en avión.

   _____

4. La lista de espera en clase turista para el vuelo 356 a Perú, es muy larga, pero hay espacio en primera clase. ¿Qué le aconsejas a Pablo?

   _____

5. Al último momento, Sonia se enfermó y no puede viajar.

   _____

H. Conversaciones breves. Two friends are talking. Complete their conversation by matching the questions in column A with the answers in column B.

A	B
1. _____ ¿Vas a la tintorería?	a. No, conjunta.
2. _____ ¿Dónde está el banco?	b. Con el cajero.
3. _____ ¿Tuviste que hacer cola?	c. Una hora.
4. _____ ¿Abriste una cuenta individual?	d. En efectivo.
5. _____ ¿Cuánto tiempo esperaste?	e. Sí, hoy es feriado.
6. _____ ¿Cuál es el saldo de tu cuenta?	f. Sí, necesito limpiar mi traje.
7. _____ ¿Con quién hablaste?	g. En la caja de seguridad.
8. _____ ¿El banco está cerrado?	h. A dos cuadras de aquí.
9. _____ ¿Dónde pusiste el dinero?	i. Dos mil dólares.
10. _____ ¿Cómo pagaste?	j. Sí, había mucha gente.

I. ¿Qué dice aquí? Read the ad on the next page, and then answer the questions based on the information provided.

1. ¿Cómo se llama el banco?

2. ¿Hay que pagar algo por las cuentas corrientes?

3. ¿Qué ventajas *(advantages)* tienen los clientes si abren su cuenta antes del 30 de marzo?

4. En este plan, ¿cuánto es necesario pagar por los cheques?

5. ¿Qué saldo mínimo hay que mantener *(maintain)* en este plan?

6. ¿Cuándo es posible llamar al banco para recibir información sobre el saldo de una cuenta?

7. Es posible ir al banco a depositar dinero los sábados? ¿Por qué?

8. ¿Tiene sucursales el Banco de Asunción?

9. Los clientes que llaman para pedir información, ¿tienen que pagar por la llamada?

10. ¿Qué depósito mínimo requiere el banco para abrir este tipo de cuenta?

Name _____ Section _____ Date _____

J. Crucigrama

HORIZONTAL

4. Necesito dinero. Voy a pedir un _____ en el banco.
8. Hay muchas personas en el banco y tenemos que hacer _____.
10. Él trabaja en la _____.
12. Quiero _____ este cheque.
13. No pagó con cheques. Pagó en _____.
15. Pusimos el dinero en la caja de _____.
16. Yo recibo muchos mensajes _____.
18. Hoy no trabajo porque es día _____.
19. ¿Vas a la casa central o a una _____?
23. La tintorería está a tres _____ de mi casa.
24. ¿Usted tiene una cuenta _____ o de ahorros?
25. Necesito comprar _____ para mandar estas tarjetas.
26. Necesito trabajar. Voy a _____ trabajo en el banco.

VERTICAL

1. Ellos usan el _____ usan el.
2. ¿Dónde está el _____ de cheques?
3. Hoy ella tiene que hacer muchas _____.
5. ¿Cuál es el _____ de mi cuenta? ¿Doscientos dólares?
6. Él tiene mucho trabajo. Está muy _____.
7. opuesto de **último**
9. personas
11. Vamos a sacar dinero del cajero _____.
12. Voy a enviar esta carta _____.
14. Voy a _____ la red.
17. Mi esposa y yo tenemos una cuenta _____.
20. opuesto de **abierto**
21. Tengo que enviar dos _____ postales.
22. poner la fecha

¡Cuentas Corrientes Gratis!*

Ahora usted puede tener todas las ventajas de una cuenta corriente de cheques en el Banco de Asunción–¡GRATIS!

¡Abra su cuenta ahora y ahorre!
Si usted abre su cuenta antes del 30 de marzo no tiene que pagar durante los primeros seis meses.

No cobramos por los cheques.
No necesita mantener un saldo mínimo.

Línea de información 24 horas al día.
Usted puede saber cuál es el saldo de su cuenta en cualquier momento. Damos servicio 24 horas al día, los 7 días de la semana.

Como siempre, abrimos los sábados.
Visite hoy cualquiera de nuestras sucursales o llame sin costo a nuestro teléfono 71-4293.

BANCO DE ASUNCIÓN
Calle Palma No. 315

* La oferta es válida para cuentas corrientes. Para abrir la cuenta se requiere un depósito mínimo de 100.000 guaraníes.

Name _____ Section _____ Date _____

Para leer

Read this announcement, and then answer the questions.

Banco Nacional del Paraguay
Asunción

(Horas: lunes a viernes de nueve a tres)

¿Quiere abrir una cuenta de ahorros?

Nosotros pagamos un interés del cinco por ciento. Usted puede sacar su dinero en cualquier momento sin° perder° el interés. — *without / losing*

¡Una oportunidad extraordinaria! También pagamos interés en las cuentas corrientes (tres por ciento).

Los cheques son gratis° si usted deposita un mínimo de quinientos mil guaraníes[1]. — *free of charge*

[1] Paraguayan currency

¡Conteste!

1. ¿En qué ciudad está el Banco Nacional del Paraguay?

   _____

2. ¿A qué hora abre el banco? ¿A qué hora cierra *(closes)*?

   _____

3. ¿Puedo ir al banco el sábado? ¿Por qué?

   _____

4. ¿Qué interés paga el banco en las cuentas de ahorros?

   _____

5. Voy a sacar mi dinero de la cuenta de ahorros. ¿Voy a perder el interés?

6. ¿Es una buena idea depositar dinero en el Banco Nacional del Paraguay? ¿Por qué?

7. ¿Paga el banco interés en las cuentas corrientes? ¿Cuánto?

8. ¿Cuánto dinero debo depositar para tener cheques gratis?

Para escribir

In transactions of many types (making purchases, ordering at a restaurant, requesting information), being polite is not just a matter of common courtesy—it can help you more easily obtain what you want. You can use the phrase **¿Me puede decir...?** for many types of requests. When thanking the person helping you, you can say **gracias, muy amable** *(very kind)*, or simply **muchas gracias.**

Write a short dialogue between yourself and a bank teller. Find out about opening a chequing account so you can pay your rent, and ask whether it is free **(gratis)**. Also request an ATM card and ask when the bank opens and closes.

CAJERO   Buenos días. ¿En qué puedo servirle?

USTED   Buenos días.

Name _____ Section _____ Date _____

Sobre el mundo hispánico. Refer to this section of your textbook to see how much you remember.

1. La capital de Ecuador es (Guayaquil / Quito).
2. La mayor contribución de Perú a la dieta del mundo fue (el maíz / la papa).
3. Machu Picchu fue una fortaleza (maya / incaica).
4. La mayoría de los paraguayos hablan dos idiomas: el español y el (quechua / guaraní).
5. Por sus bellos paisajes andinos, Bolivia se llama (el Tibet / la Suiza) de América.
6. En Bolivia está el lago navegable más alto del mundo: el (Maracaibo / Titicaca).

LECCIÓN 11

Workbook Activities

Para practicar

A. Graciela siempre contradice. Graciela never agrees with Olga on anything. Whatever Olga says, she contradicts her. Respond to each statement, playing the role of Graciela, using the present subjunctive for doubt, denial, or disbelief.

1. OLGA   Podemos salir para España el martes.
   GRACIELA   No creo _____.

2. OLGA   Los pasajes cuestan trescientos dólares.
   GRACIELA   No es verdad _____.

3. OLGA   Martín y Clara viajan a Chile con sus padres.
   GRACIELA   Dudo que _____.

4. OLGA   Nosotros compartimos una casa en el otoño.
   GRACIELA   No creo _____.

5. OLGA   Tú compras una excursión al Caribe.
   GRACIELA   No es cierto _____.

6. OLGA   Los estudiantes son argentinos.
   GRACIELA   No es verdad _____.

7. OLGA   Nosotros llegamos a la universidad a las siete.
   GRACIELA   Dudo que _____.

8. OLGA   Mañana hay un examen en la clase de español.
   GRACIELA   No creo _____.

B. Opiniones. Complete the following, using the present indicative or the present subjunctive of the verbs in parentheses.

1. Yo no dudo que el avión _____ (ser) más rápido que el tren, pero no estoy segura que el avión _____ (poder) ser más interesante.

2. José está seguro que el vuelo _____ (salir) a las nueve, pero yo no creo que _____ (llegar) a tiempo.

3. Tú niegas que tu hermano _____ (comprar) un coche nuevo, pero él dice que _____ (ir) a comprarlo mañana.

4. Nosotros sabemos que la profesora _____ (viajar) a Uruguay la semana próxima, pero dudamos que ella nos _____ (traer) regalos.

5. No es cierto que Gilberto _____ (venir) a la fiesta, pero nosotros creemos que él _____ (esperar) venir.

C. Mensajes electrónicos. Fill in the missing words in the e-mails below using the appropriate form of the verb in parentheses (indicative, infinitive, or present subjunctive to express volition, emotion, or doubt).

1. Rafael:

    ¡Hola! Espero que tú _____ (estar) bien. Yo quiero que me _____ (escribir) para decirme todo lo que haces. Dudo que tú no _____ (tener) tiempo porque no es el final del semestre todavía. Me alegro de _____ (poder) pasar este año en España en el programa de español para extranjeros *(foreigners)* de la Universidad de Alcalá. El año próximo yo quiero que tú _____ (estudiar) aquí también. ¡Ojalá que eso _____ (ser) posible!

    —Carlos

Name _____ Section _____ Date _____

2. Susana:

¿Cómo estás? Anoche fuimos al club nuevo en el centro. Queremos que tú _____ (venir) con nosotros este fin de semana. Estoy segura que _____ (ir) a divertirte. Espero que tú _____ (bailar) mucho. También sirven comida excelente. Recomiendo que nosotros _____ (pedir) las alitas *(wings)* de pollo. Es importante _____ (salir) a veces, nadie sugiere que los estudiantes _____ (quedarse) en sus residencias todas las noches. ¡Nos vemos el sábado!

—Marisa

3. Mamá:

Hola, Mamá. ¿Cómo están todos? Yo quiero _____ (volver) a Calgary pronto. Mis clases son interesantes, pero los profesores piden que nosotros _____ (hacer) mucha tarea. Me alegro de que ustedes me _____ (visitar) al final del semestre. Espero que Juanito _____ (traer) su guitarra. Me gusta _____ (escuchar) su música. Mamá, quiero que le _____ (decir) a Papá que en el verano pienso trabajar en su tienda. ¡Un abrazo!

—tu hijo,

Pablo

D. Dos días en la vida de Luis. Luis is telling us what he did yesterday and what he's going to do today. Complete the following sentences, using the prepositions **a, de,** and **en.**

1. Voy _____ llevar _____ mi hijo _____ casa de Jorge, que le va _____ enseñar _____ manejar. Tenemos que estar _____ su casa _____ las tres _____ la tarde.

2. Ayer conocí _____ la hermana _____ Raúl. Es una chica muy simpática. Es morena, _____ ojos verdes, y Raúl dice que ella es la más inteligente _____ la familia.

3. Las vacaciones pasadas mis hermanos fueron _____ México. Fueron _____ tren y ayer me estuvieron hablando _____ su viaje.

4. Ayer llevé _____ mi perro _____ la veterinaria, pero ella no estaba _____ su consultorio. Cuando llegué _____ casa la llamé por teléfono.

E. Órdenes. Complete the chart below with formal command forms.

Infinitive	Command		
	Ud. form	**Uds.** form	First-Person Plural Form
1. comprar	compre		
2. dejar			
3. comer	coma		
4. beber			
5. escribir			escribamos
6. abrir			
7. venir	venga		
8. poner			
9. comenzar			comencemos
10. cerrar			
11. recordar		recuerden	
12. volver			
13. pedir	pida		
14. servir			
15. ir		vayan	
16. ser			seamos
17. estar	esté		
18. dar		den	

Name _____ Section _____ Date _____

F. ¡Hágalo! o ¡No lo haga! Tell everyone to do or not to do the following things using **usted(es)** commands.

MODELO: ir a la agencia de viajes
Señor García, vaya a la agencia de viajes.

1. comprar los pasajes

   Señorita Hernández, _____.

2. pedir un boleto de ida y vuelta

   José y Carmen, _____.

3. llegar al aeropuerto temprano

   Sra. Salinas, _____.

4. no llevar mucho equipaje, traer sólo una maleta

   Estudiantes, _____.

5. subir al avión y abrocharse el cinturón de seguridad

   Pasajeros, _____.

6. poner el maletín en el compartimiento de equipaje, no ponerlo en el pasillo

   Profesor Ubalde, _____.

G. ¿Qué hacemos? You and your roommate are talking about what you should do when you leave for Spain. Use the first-person plural command and the cues provided. Substitute direct object pronouns for the direct object where possible.

MODELO: ¿Desayunamos huevos rancheros en casa?
Sí, desayunémoslos en casa.

1. ¿Tomamos el coche al aeropuerto?

   Sí, _____.

2. ¿Vamos a las ocho de la mañana?

   No, no _____.

3. ¿Esperamos en la puerta de salida?

   Sí, _____.

4. ¿Pagamos exceso de equipaje?

   No, no _____.

5. ¿Pedimos un asiento de ventanilla?

   Sí, _____.

6. ¿Nos ponemos el cinturón de seguridad?

   Sí, _____.

7. ¿Caminamos en el avión al despegar *(take off)*?

   No, no _____.

8. ¿Dormimos durante el vuelo?

   Sí, _____.

H. Crucigrama

HORIZONTAL
 3. *he's afraid*, en español
 5. ¿Cuál es la puerta de _____?
 7. doctor en medicina
 8. persona que viaja en avión
 9. Chile, por ejemplo
 10. *call*, en español
 12. Es un pasaje de ida y _____.
 15. hacer una sugerencia
 18. hacer un viaje
 20. No gasta mucho dinero.
 22. *to feel*, en español
 23. abordar
 24. Tengo la tarjeta de _____.
 29. Cuando viajo, pongo mi ropa en una _____.
 30. ¿Es un asiento de _____ o de pasillo?

Name _____ Section _____ Date _____

VERTICAL
1. el asiento es de _____, no de ventanilla
2. Ese _____ incluye el pasaje y el hotel.
4. maletas y bolsos de mano
6. *to get tired*, en español
11. Ella es _____ de vuelo.
12. Es un _____ directo.
13. *to find out*, en español
14. *trips*, en español
16. Tengo un _____ de mano.
17. Tiene que _____ el cinturón de seguridad.
19. Siempre hace lo _____. ¡Nada es diferente!
21. No pudieron ponerse de _____.
25. El avión no hace _____.
26. Voy a _____ el avión.
27. ¡_____ viaje!
28. permitir

I. Conversaciones breves. Two roommates are talking. Match their questions in column A with the answers in column B.

A

1. _____ ¿Dónde compraste los pasajes?
2. _____ ¿Tú sabes cuánto cuesta?
3. _____ ¿Qué incluye el paquete?
4. _____ ¿Vas a Chile?
5. _____ ¿El médico te dio pastillas?
6. _____ ¿Lo has pensado?
7. _____ ¿Quieres un asiento de pasillo?
8. _____ ¿Dónde pusiste el bolso de mano?
9. _____ ¿Cuál es la puerta de salida?
10. _____ ¿A quién le diste las tarjetas de embarque?

B

a. Sí, es mi país favorito.
b. No, de ventanilla.
c. Sí, pero no he tomado ninguna decisión.
d. La número cuatro.
e. Los pasajes y el hotel.
f. En el compartimiento de equipajes.
g. En una agencia de viajes.
h. A la auxiliar de vuelo.
i. No, pero lo voy a averiguar.
j. Sí, para los nervios.

J. ¿Qué pasa aquí? Look at the illustration and answer the following questions.

Name _____ Section _____ Date _____

1. ¿A qué ciudad va a viajar Luisa?
   _____

2. ¿Luisa compró un pasaje de ida?
   _____

3. ¿Qué días hay vuelos?
   _____

4. ¿Dónde está Luisa en este momento?
   _____

5. ¿Cuántas maletas lleva Luisa?
   _____

6. ¿Cuál es la puerta de salida?
   _____

7. ¿Qué va a tener que pagar Luisa?
   _____

8. ¿A quién le va a dar Luisa la tarjeta de embarque?
   _____

9. ¿Daniel viaja a la misma ciudad a la que va Luisa?
   _____

10. ¿El vuelo a Lima es un vuelo directo?
    _____

Para leer

Read the following advertisement that appeared in a Chilean newspaper and then answer the questions.

AMERITUR: ¡Visite Argentina con nosotros!

Nuestras excursiones son las más completas y baratas. Nadie le da mejores precios° que Ameritur. El pasaje en avión, el hotel y la transportación en Argentina están incluidos en el precio.

    Tenemos varios tipos de excursiones: en primera clase o en clase turista. Si viaja entre semana, usted recibe un descuento° de un cinco por ciento del pasaje.

    No pierda° esta oportunidad de conocer los lugares más interesantes de Argentina. Queremos que visite Buenos Aires, Bariloche y la hermosa playa de Mar del Plata.

    Pida informes a su agencia de viajes, o llame a nuestro teléfono, 976–5409, si quiere que le enviemos folletos° sobre nuestras excursiones. ¡Lo esperamos!

prices

discount
miss

brochures

¡Conteste!

1. ¿Cómo son las excursiones de Ameritur?

2. ¿Quién da mejores precios que Ameritur?

3. ¿Qué cosas están incluidas en el precio de la excursión?

4. ¿Tiene Ameritur un solo tipo de excursión?

5. ¿Cuándo es más barato viajar con Ameritur?

6. ¿Qué descuento recibo si viajo entre semana?

7. ¿Qué lugares de Argentina voy a visitar si viajo con Ameritur?

8. ¿Dónde puedo pedir informes sobre las excursiones?

9. ¿Qué debo hacer si deseo recibir folletos sobre las excursiones de Ameritur?

Name _____ Section _____ Date _____

Para escribir

Write a dialogue between you and a travel agent. Say what kind of ticket you want; ask about prices, documents needed, flights, and hotel accommodations. Choose a destination and reserve a seat.

LECCIÓN 12

Workbook Activities

Para practicar

A. ¿Existe o no? Look at the pictures and complete each sentence using either the indicative or the subjunctive.

1. Vamos a _____ que _____ _____.

2. ¿Hay algún _____ que _____ _____?

3. Tengo una empleada que _____ _____.

4. Necesito un empleado que _____ _____.

5. Tengo una amiga que _____ _____.

6. No conozco a nadie que _____ _____.

B. En una agencia de viajes. Complete the following sentences, using the Spanish equivalent of the words in parentheses.

1. —¿Hay alguien que _____ *(can)* reservar los pasajes?

   —Sí, yo conozco a una chica que _____ *(works)* en una agencia de viajes.

2. —¿Hay alguien que _____ *(knows)* dónde está el hotel?

   —Sí, hay varias personas que lo _____ *(know)*.

3. —Necesito un folleto que _____ *(has)* información sobre Río.

   —Yo tengo varios folletos que _____ *(have)* información sobre Brasil.

4. —Queremos una excursión que _____ *(includes)* el hotel.

   —Hay muchas excursiones que _____ *(include)* el hotel.

5. —¿Hay alguien aquí que _____ *(is)* de Argentina?

   —Sí, hay dos chicas que _____ *(are)* de Buenos Aires.

C. Las preguntas de Carlos. Carlos wants to know some things about a new acquaintance. Play the role of the acquaintance by answering the following questions using the cues provided. Pay special attention to the use of the present indicative or the present subjunctive.

1. ¿Hay alguien en su familia que conozca Chile? (no, nadie)

   _____

2. ¿Conoce usted a alguien que sea de España? (sí, a dos chicas)

   _____

3. ¿Hay alguien en la clase que sea de Perú? (no, nadie)

   _____

4. ¿Necesita usted un empleado que hable español? (no, yo tengo un empleado)

   _____

5. ¿Hay algo que yo pueda hacer por usted? (no, no hay nada)

   _____

D. Órdenes. Complete the chart below with the familiar **tú** command forms.

Infinitive	Affirmative Command	Negative Command
1. viajar		
2. comer		
3. escribir		

Name _____ Section _____ Date _____

Infinitive	Affirmative Command	Negative Command
4. hacerlo		
5. venir		
6. bañarse		
7. vestirse		
8. dormirse		
9. ponerlo		
10. ir		
11. ser		
12. dármelas		
13. levantarse		
14. tener		
15. salir		
16. decírselo		

E. ¿Qué debo hacer? Your travelling companion wants you to do numerous things before your trip. Using the **tú** command form, list the jobs she is telling you to do.

Patricia,

1. no dormir tarde _____
2. levantarte temprano _____
3. ponerte el abrigo e ir a la agencia de viajes_____
4. buscar folletos sobre España _____
5. no pedir boletos de primera clase _____
6. pagar con tu tarjeta de crédito _____
7. hacer reservaciones en un hotel bueno_____
8. acordarte de pedir una habitación con dos camas chicas _____

F. Minidiálogos. Complete these exchanges, using the Spanish equivalent of the words in parentheses and the appropriate prepositions.

1. —Ana _____ Carlos cuando tenía diecisiete años. *(fell in love)*

   —Sí, pero _____ él. *(she didn't marry)*

2. —Mis padres _____ que yo viaje con Elisa. *(insist on)*

   —Ellos _____ que ella es muy antipática. *(don't realize)*

3. —Yo voy a _____ Teresa. *(get engaged to)*

   —Tus padres _____ que ella sea tu novia. *(are going to be glad)*

4. —Debes _____ comprar los pasajes. *(remember to)*

   —Yo nunca _____ nada. *(forget)*

5. —Ella me dijo que _____ esa agencia de viajes. *(she didn't trust)*

   —Sí, pero ella y yo _____ comprar los billetes allí. *(agreed on)*

G. ¿En qué piso están? The following people are staying on different floors of a hotel. Indicate where they are by giving the ordinal number that corresponds to the cardinal number.

MODELO: Carlos: 1

Carlos: primer piso

1. Teresa: 10 _____ piso
2. Marcelo: 2 _____ piso
3. Rubén: 7 _____ piso
4. Abelardo: 3 _____ piso
5. Silvia: 8 _____ piso
6. Gustavo: 4 _____ piso
7. Amelia: 6 _____ piso
8. José Luis: 9 _____ piso
9. Ana María: 5 _____ piso

Name _____ Section _____ Date _____

H. ¿Qué pasará? Complete the chart below with verb forms in the future tense.

Infinitive	yo	tú	usted, él, ella	nosotros(as)	ustedes, ellos(as)
1. ayudar					
2. decir	diré				
3. hacer		harás			
4. querer			querrá		
5. saber				sabremos	
6. poder					podrán
7. salir	saldré				
8. poner		pondrás			
9. venir			vendrá		
10. tener				tendremos	
11. ir					irán

I. De vacaciones. Gabriel and Adrián are planning a fabulous vacation. Complete their conversation using the future of the verbs in parentheses.

GABRIEL   En un mes nosotros _____ (tener) vacaciones y _____ (estar) en Barcelona.

ADRIÁN   _____ (ser) fabuloso. Yo _____ (poder) ver a mis tíos y tú _____ (ir) a acampar con tus primos.

GABRIEL   ¿Cuándo _____ (salir / nosotros) para Barcelona?

ADRIÁN   Probablemente, el 6 de julio. Yo lo _____ (saber) el próximo sábado.

GABRIEL   Perfecto, les _____ (decir) a mis primos que preparen las tiendas de campaña.

ADRIÁN   Mi hermana _____ (venir) a verme mañana y me _____ (traer) una maleta porque yo sólo tengo una y pienso llevar mucha ropa. Oye, ¿qué _____ (hacer) tú mañana?

GABRIEL   ¡Yo _____ (venir) a visitarte para ver a tu hermana!

J. Nadie está de acuerdo. The following is what Luis plans to do, but nobody agrees with him. Say what everybody else would do instead, using the conditional tense and the cues provided.

MODELO: Luis piensa comprar un libro. (Juan / una revista)
          Juan compraría una revista.

1. Luis piensa acampar el miércoles. (yo / el viernes)
   _____

2. Luis piensa llevar a su mejor amigo. (tú / a tu hermano)
   _____

3. Luis piensa venir a la universidad mañana. (Anita / el lunes)
   _____

4. Luis piensa salir a las ocho. (nosotros / a las diez)
   _____

5. Luis piensa decir que sí. (ellos / que no)
   _____

6. Luis piensa acostarse temprano. (ustedes / tarde)
   _____

Name _____ Section _____ Date _____

K. Crucigrama

HORIZONTAL
4. La usamos para bañarnos.
5. Necesito ver su _____ de identidad.
7. No quieren una cama chica; quieren una cama _____.
8. Puedo comer en mi cuarto porque el hotel tiene servicio de _____.
14. En el hotel no hay ninguna habitación _____.
16. Tengo sueño. Voy a dormir un _____.
17. Él me mandó un _____ de tarjetas.
20. El _____ lleva las maletas al cuarto.
22. La necesitamos cuando hace frío.
23. Él es de Perú. Es _____.
24. El cuarto tiene aire _____.

VERTICAL
1. Tengo muchas rosas en mi _____.
2. Pagamos con una tarjeta de _____.
3. Es un hotel de cinco estrellas. Es un hotel de _____.
6. El cuarto tiene baño _____.
7. La casa es de él; él es el _____.
9. elevador
10. Mi cuarto tiene _____ al mar.
11. No están en un hotel. Están en una _____.
12. opuesto de **optimista**
13. Su habitación está en el segundo _____.
15. opuesto de **frío**
18. Me lavo las manos en el _____.
19. Vamos a nadar en la _____ del hotel.
21. mostrar

Copyright © 2016 by Nelson Education Ltd. All rights reserved.

L. Conversaciones breves. Two friends are travelling together. They are talking about hotel accommodations and other travel plans. Match their questions in column A with the answers in column B.

A

1. _____ ¿Dónde nos vamos a hospedar?
2. _____ ¿El Sr. Paz es el dueño del hotel?
3. _____ ¿Es un hotel caro?
4. _____ ¿Podemos cenar en el cuarto?
5. _____ ¿El precio incluye las comidas?
6. _____ ¿El baño tiene bañadera?
7. _____ ¿Hay un televisor en el cuarto?
8. _____ ¿Quién va a llevar las maletas al cuarto?
9. _____ ¿Cómo vas a pagar?
10. _____ ¿Hay habitaciones libres?

B

a. Con tarjeta de crédito.
b. No, ducha.
c. No, es un empleado.
d. No, no hay ninguna disponible.
e. No, pero hay uno en el comedor.
f. No, no tienen servicio de habitación.
g. En el Hotel Alcázar.
h. Sí, es de lujo.
i. Sí, es pensión completa.
j. El botones.

M. ¿Qué dice aquí? Read the ad on p. 129 and then answer the following questions.

1. ¿Cómo se llama el hotel?
   _____

2. ¿En qué ciudad argentina está?
   _____

3. ¿Es muy pequeño el hotel? ¿Cómo lo sabe usted?
   _____

4. ¿Qué tienen todas las habitaciones?
   _____

5. ¿Dónde puede dejar usted su dinero si se hospeda en ese hotel?
   _____

6. ¿Puede recibir mensajes electrónicos en el hotel? ¿Por qué?
   _____

7. ¿Qué tipo de comida sirven en el restaurante del hotel?
   _____

Name _____ Section _____ Date _____

hotel solimar

Boulevard Marítimo 5231
☎ 486-1265
Mar del Plata

La ciudad balnearia más importante de Argentina.

120 habitaciones y 10 suites, todas con baño privado	Salas de convenciones con capacidad para 800 personas
TV color con servicio de cable	Restaurante internacional con capacidad para 400 personas
Cajas de seguridad	
Servicio de internet y fax	Panadería y pastelería
Gimnasio y sauna	Club nocturno
Sala de juegos	Garaje

a

8. ¿Cuántas personas pueden comer en el restaurante?

   _____

9. ¿Hay algún lugar para dejar el coche?

   _____

10. Si usted quiere organizar una convención, ¿puede hacerlo en el hotel? ¿Cuántas personas pueden asistir *(attend)*?

    _____

Para leer

Read the following ads, and then answer the questions.

DE LA SECCIÓN DE ANUNCIOS°   *Ads*

HOTEL FIESTA

Habitaciones con vista al mar, todas con aire acondicionado y baño privado.

Dos personas en una habitación pagan solamente 320 pesos. Cada persona adicional paga 90 pesos.

El hotel tiene un magnífico restaurante donde se sirve comida argentina, italiana y francesa.

¡VISÍTENOS EN SUS PRÓXIMAS VACACIONES!

Pensión Rivas

¿No quiere gastar mucho dinero, pero desea estar cerca de la playa?

¡Venga a la Pensión Rivas!

Nuestros cuartos son grandes y cómodos° y sólo cobramos 300 pesos por persona. El precio incluye todas las comidas: desayuno, almuerzo y cena.   *comfortable*

¡Conteste!

1. ¿Cree usted que el Hotel Fiesta está en la playa? ¿Por qué?

   _____

2. Voy a alquilar una habitación en el Hotel Fiesta. ¿Voy a tener calor? ¿Por qué?

   _____

3. ¿Cuánto cobran en el hotel por dos personas?

   _____

4. Voy al hotel con mi esposa y mis dos hijos. ¿Cuánto debo pagar por los niños?

   _____

Name _____ Section _____ Date _____

5. ¿Cuánto vamos a pagar en total?

　_____

6. Me gusta la comida argentina. ¿Puedo comerla en el Hotel Fiesta?

　_____

7. ¿Sirven comida internacional en el hotel?

　_____

8. ¿Cuál es más barato, el Hotel Fiesta o la Pensión Rivas?

　_____

9. ¿Cuánto paga una persona en la Pensión Rivas?

　_____

10. ¿Cuánto debo pagar extra por las comidas en la Pensión Rivas?

　_____

Para escribir

When writing a narrative of any type, it is important to make your sentences sound natural. Too many short sentences can sound choppy. You can avoid this by linking your ideas to create longer sentences. Some useful linking words are

y　　　pero　　　también　　　además　　　porque

You are staying at a hotel in Málaga, Spain. Write a short letter to your parents, telling them about your hotel. Tell them about accommodations, prices, and what you like about the hotel, including your room. Tell them how long you plan to stay. Remember what you have learned about letter writing.

_____

_____

_____

_____

_____

_____

_____

_____

_____

Sobre el mundo hispánico. Refer to this section of your textbook to see how much you remember.

1. La cordillera de los Andes atraviesa Chile (de norte a sur / de este a oeste).
2. El (café / vino) de Chile tiene fama internacional.
3. La capital de Uruguay es (Montevideo / Punta del Este).
4. Argentina es el país de habla hispana (más / menos) grande.
5. La mayor parte de los habitantes de Argentina son de origen europeo, principalmente (portugueses / italianos).
6. Las ciudades de Granada, Sevilla y Córdoba tienen mucha influencia (italiana / árabe) en su arquitectura.
7. La música típica de Andalucía es el (flamenco / tango).

Laboratory Activities

Name _____ Section _____ Date _____

LECCIÓN PRELIMINAR

Laboratory Activities

I. Pronunciation *(Pronunciación)* - Introduction to Spanish Sounds

Each Spanish sound will be explained briefly, and examples will be given for practice. Repeat each Spanish word after the speaker, imitating as closely as possible the correct pronunciation.

Vowels

1. **a** in Spanish sounds similar to the English *a* in the word *father*.

    alta / casa / palma / Ana / cama / Panamá / alma / apagar

2. **e** is pronounced like the English *e* in the word *get*.

    mes / entre / este / deje / ese / encender / teme / prender

3. **i** has a sound similar to the English *e* in the word *me*.

    fin / ir / sí / sin / dividir / Trini / difícil

4. **o** is similar to the English *o* in the word *no*, but without the glide.

    toco / como / poco / roto / corto / corro / solo / loco

5. **u** is pronounced like the English [*oo*] sound in the word *shoot*, or the [*ue*] sound in the word *Sue*.

    su / Lulú / Úrsula / cultura / un / luna / sucursal / Uruguay

Consonants

1. Spanish **p** is pronounced in a manner similar to the English *[p]* sound, but without the puff of air that follows after the English sound is produced.

    pesca / pude / puedo / parte / papá / postre / piña / puente / Paco

2. The Spanish *[k]* sound, represented by the letters **k**; **c** before **a, o, u,** or a consonant (except **h**), and **qu**, is similar to the English *[k]* sound, but without the puff of air.

    casa / comer / cuna / clima / acción / que / quinto / queso / aunque / quiosco / kilómetro

3. Spanish **t** is produced by touching the back of the upper front teeth with the tip of the tongue. It has no puff of air as in the English *t*.

   todo / antes / corto / Guatemala / diente / resto / tonto / roto / tanque

4. The Spanish consonant **d** has two different sounds depending on its position. At the beginning of an utterance and after **n** or **l,** the tip of the tongue presses the back of the upper front teeth.

   día / doma / dice / dolor / dar / anda / Aldo / el deseo / un domicilio

   In all other positions, the sound of **d** is similar to the *[th]* sound in the English word *they*, but softer.

   medida / todo / nada / nadie / medio / puedo / moda / queda / nudo

5. The Spanish consonant **g** is similar to the English *[g]* sound in the word *guy* except before **e** or **i.**

   goma / glotón / gallo / gloria / lago / alga / gorrión / garra / guerra / angustia / algo / Dagoberto

6. The Spanish consonant **j** (or **g** before **e** and **i**) is similar to a strongly exaggerated English *[h]* sound.

   gemir / juez / jarro / gitano / agente / juego / giro / bajo / gente

7. There is no difference in sound between Spanish **b** and **v.** Both letters are pronounced alike. At the beginning of an utterance or after **m** or **n, b,** and **v** have a sound identical to the English *[b]* sound in the word *boy*.

   vivir / beber / vamos / barco / enviar / hambre / batea / bueno / vestido

   When pronounced between vowels, the Spanish *[b]* and *[v]* sound is produced by bringing the lips together but not closing them, so that some air may pass through.

   sábado / autobús / yo voy / su barco

8. In most countries, Spanish **ll** and **y** have a sound similar to the English *[y]* sound in the word *yes*.

   el llavero / un yelmo / el yeso / su yunta / llama / yema / oye / trayecto / trayectoria / mayo / milla / bella

   When it stands alone or is at the end of a word, Spanish **y** is pronounced like the vowel **i.**

   rey / hoy / y / doy / buey / muy / voy / estoy / soy

9. The sound of Spanish **r** is similar to the English *[r]* sound in the word *rabbit*.

   crema / aroma / cara / arena / aro / harina / toro / oro / eres / portero

10. Spanish **rr** and also **r** in an initial position and after **n, l,** or **s** are pronounced with a very strong trill. This trill is produced by bringing the tip of the tongue near the alveolar ridge and letting it vibrate freely while the air passes through the mouth.

    rama / carro / Israel / cierra / roto / perro / alrededor / rizo / corre / Enrique

Name _____ Section _____ Date _____

11. Spanish **s** is represented in most of the Spanish world by the letters **s**, **z**, and **c** before **e** or **i**. The sound is very similar to the English sibilant *s* in the word *sink*.

    sale / sitio / presidente / signo / salsa / seda / suma / vaso / sobrino /

    ciudad / cima / canción / zapato / zarza / cerveza / centro

12. The letter **h** is silent in Spanish.

    hoy / hora / hilo / ahora / humor / huevo / horror / almohada

13. Spanish **ch** is pronounced like the English *ch* in the word *chief*.

    hecho / chico / coche / Chile / mucho / muchacho / salchicha

14. Spanish **f** is identical in sound to the English *f*.

    difícil / feo / fuego / forma / fácil / fecha / foto / fueron

15. Spanish **l** is similar to the English *l* in the word *let*.

    dolor / lata / ángel / lago / sueldo / los / pelo / lana / general / fácil

16. Spanish **m** is pronounced like the English *m* in the word *mother*.

    mano / moda / mucho / muy / mismo / tampoco / multa / cómoda

17. In most cases, Spanish **n** has a sound similar to the English *n*.

    nada / nunca / ninguno / norte / entra / tiene / sienta

    The sound of Spanish **n** is often affected by the sounds that occur around it. When it appears before **b**, **v**, or **p**, it is pronounced like an **m**.

    tan bueno / toman vino / sin poder / un pobre / comen peras / siguen bebiendo

18. Spanish **ñ** is similar to the English [ny] sound in the word *canyon*.

    señor / otoño / ñoño / uña / leña / dueño / niños / años

19. Spanish **x** has two pronunciations depending on its position. Between vowels the sound is similar to English *ks*.

    examen / exacto / boxeo / éxito / oxidar / oxígeno / existencia

    When it occurs before a consonant, Spanish **x** sounds like *s*.

    expresión / explicar / extraer / excusa / expreso / exquisito / extremo

    When **x** appears in **México** or in other words of Mexican origin, it is pronounced like the Spanish letter **j**.

Linking

In spoken Spanish, the different words in a phrase or sentence are not pronounced as isolated elements, but are combined together. This is called *linking*.

Pepe come pan.

Tomás toma leche.

Luis tiene la llave.

la mano de Roberto

1. The final consonant of a word is pronounced together with the initial vowel of the following word.

    Carlos‿anda

    un‿ángel

    el‿otoño

    unos‿estudios‿interesantes

2. A diphthong is formed between the final vowel of a word and the initial vowel of the following word. A triphthong is formed when there is a combination of three vowels.

    su‿hermana

    Roberto‿y Luis

    negocio‿importante

    lluvia‿y nieve

    ardua‿empresa

3. When the final vowel of a word and the initial vowel of the following word are identical, they are pronounced slightly longer than one vowel.

    Ana‿alcanza / lo‿olvido / tiene‿eso / Ada‿atiende

    The same rule applies when two identical vowels appear within a word.

    crees / Teherán / coordinación

4. When the final consonant of a word and the initial consonant of the following word are the same, they are pronounced like one consonant with slightly longer than normal duration.

    el‿lado / tienes‿sed / Carlos‿salta

Name _____ Section _____ Date _____

II. Diálogos: Conversaciones breves

Listen to the dialogues twice, paying close attention to the speakers' intonation and pronunciation patterns. First, listen to the entire dialogue; then, as you listen for a second time, stop the recording after each sentence and repeat after the speakers.

—Buenos días, señora Vega.

—Buenos días, doctor.

—Carlos Montoya. Mucho gusto.

—El gusto es mío, señor Montoya.

—Buenas tardes, profesora.

—Buenas tardes, señorita.

—Buenas noches, señora. ¿Cómo está usted?

—Bien, gracias. ¿Y usted?

—Muy bien, gracias.

—Hola, Luis. ¿Qué tal?

—Bien, gracias. ¿Y tú?

—Muy bien.

—¿Cómo te llamas?

—Me llamo Gustavo. ¿Y tú?

—Yo me llamo Laura.

—¿Cómo estás, Laura?

—Muy bien, gracias.

—¿Cuál es su número de teléfono, señor Paz?

—Ocho-cuatro-cero-dos-uno-tres-seis.

—Hasta mañana, Eva.

—Chau, Julio. Nos vemos.

Name _____ Section _____ Date _____

LECCIÓN 1

Laboratory Activities

I. Pronunciación

Listen and repeat the following words, paying close attention to the pronunciation of vowels. Remember to keep the vowel sounds short and clear.

sí	**no**	**de**	**tu**	**me**
chica	**muchacho**	**tiza**	**clase**	**alto**
cubano	**inglés**	**simpático**	**¿cómo?**	**mapa**

Now, listen and repeat the following phrases, paying close attention to the vowel sounds.

Mucho gusto.   **El gusto es mío.**

¿Cómo te llamas?   **¿De dónde eres?**

Necesito el reloj.   **Hasta mañana.**

¿Cómo se llama usted?

II. Diálogos: En la universidad de Toronto

Listen to the dialogues twice, paying close attention to the speakers' intonation and pronunciation patterns. First, listen to the entire dialogue; then, as you listen for a second time, stop the recording after each sentence and repeat after the speakers.

En la Universidad de Toronto

David, un chico canadiense, habla con Lupe, una chica mexicana.

DAVID   ¡Hola, Lupe! ¿Cómo estás?

LUPE   Muy bien, gracias. ¿Qué hay de nuevo?

DAVID   No mucho. Oye, ¿cómo es la profesora de español?

LUPE   Ella es muy interesante.

DAVID   ¿Y los estudiantes?

LUPE   Ellos son muy inteligentes.

| DAVID | ¡Fantástico! |
| LUPE | Bueno, hasta luego. |

Nora habla con el profesor.

NORA	Permiso, profesor Acosta.
PROFESOR	Por favor, pase. ¿Cómo se llama usted?
NORA	Me llamo Nora Ballester.
PROFESOR	Mucho gusto, señorita.
NORA	El gusto es mío, profesor.
PROFESOR	¿De dónde es usted?
NORA	Soy de Toronto, Ontario.

Sergio habla con Teresa en la biblioteca.

SERGIO	Hola, Teresa, ¿qué tal?
TERESA	Excelente, Sergio, ¿y tú?
SERGIO	Regular. Oye, ¿cuál es tu número de teléfono?
TERESA	Nueve-cero-cinco-nueve-quince-veintidós-treinta y cinco.
SERGIO	Más despacio, por favor.
TERESA	No hay problema. *[Teresa repite el número.]*
SERGIO	Muchas gracias, Teresa.
TERESA	De nada, Sergio.

La profesora Rivas habla con los estudiantes en la clase de español.

PROFESORA	Buenos días. ¿Cómo están ustedes?
ESTUDIANTES	Muy bien, gracias.
DAVID	Profesora, ¿cómo se dice *"North American"* en español?
PROFESORA	Se dice **"norteamericano"**.
DAVID	Yo soy norteamericano.
PROFESORA	Muy bien, David, buena pronunciación.

III. Preguntas y respuestas

Answer each question about the dialogues you just heard. Repeat the correct answer.

Name _____ Section _____ Date _____

IV. Puntos para recordar

A. Definite articles I. Repeat each noun you hear, adding the appropriate definite article. Repeat the correct answer.

MODELO: libro
          el libro

B. Indefinite articles. Repeat each noun you hear, adding the appropriate indefinite article. Repeat the correct answer.

MODELO: pluma
          una pluma

C. Subject pronouns and the present indicative of *ser*. In this exercise, you will hear a list of people and the places where they are from. Using the appropriate form of the verb **ser**, create sentences that state where the people are from. Repeat the correct answer.

MODELO: Usted / Manitoba
          Usted es de Manitoba.

D. Agreement of articles and adjectives. Change the subject of each sentence you hear, using the cue provided and making all necessary changes. Repeat the correct answer.

MODELO: El hombre es cubano. (mujeres)
          Las mujeres son cubanas.

V. Contesta las preguntas *(Answer the questions)*

Answer each question you hear, using the cue provided and omitting the subject. Repeat the correct answer.

MODELO: —¿Miguel es alto? (sí)
          —*Sí, es alto.*

VI. Ejercicios de comprensión

A. You will hear three statements about each picture. Indicate the letter of the statement that best corresponds to the picture.

1. a b c

2. a b c

3. a b c

4. a b c

5. a b c

B. You will hear a series of statements. Indicate **L** if the statement is logical **(lógico)** or **I** if it is illogical **(ilógico)**.

1. L I   5. L I
2. L I   6. L I
3. L I   7. L I
4. L I   8. L I

C. Listen carefully to the dialogue.

Now, answer each question about the dialogue, omitting the subject. Repeat the correct answer.

Name _____ Section _____ Date _____

VII. Para escuchar y escribir

A. In this exercise, you will hear a list of ten numbers. Listen to each number twice. Then, write the numbers, using numerals rather than words.

1. _____   6. _____

2. _____   7. _____

3. _____   8. _____

4. _____   9. _____

5. _____   10. _____

B. In this exercise, you will hear five sentences. Listen to each sentence twice. After you listen for the first time, stop the audio and write what you have heard. Then, play the sentence for a second time to check your work and fill in what you have missed.

1. _____

2. _____

3. _____

4. _____

5. _____

Copyright © 2016 by Nelson Education Ltd. All rights reserved.   LABORATORY MANUAL, LECCIÓN 1

Name _____ Section _____ Date _____

LECCIÓN 2

Laboratory Activities

I. Pronunciación

Listen and repeat the following sentences, paying close attention to linking.

1. Termina_en_agosto.
2. Este semestre_estudio_historia.
3. Deseo_una botella de_agua.
4. Aquí_está_el_libro.
5. Felipe_y_Ana_hablan_inglés.
6. Necesitamos_su_horario.

II. Diálogos: Estudiantes y profesores

Listen to the dialogues twice, paying close attention to the speakers' intonation and pronunciation patterns. First, listen to the entire dialogue; then, as you listen for a second time, stop the recording after each sentence and repeat after the speakers.

Por la mañana, Lisa, una chica canadiense, habla con Alina, su nueva compañera de cuarto, que es hispanocanadiense. Las dos estudian en la Universidad de Alberta, en Edmonton.

LISA   Alina, ¿cuántas clases tomas este semestre?

ALINA   Tomo cinco clases: inglés, matemáticas, física, psicología y biología. ¿Y tú? ¿Qué clases tomas?

LISA   Yo tomo historia, literatura, química, ciencias políticas y español.

ALINA   No son clases fáciles.

LISA   No, las dos tomamos clases difíciles. ¿Tú trabajas, Alina?

ALINA   Sí, pero trabajo en el verano, de julio a septiembre.

LISA   Yo trabajo los sábados y los domingos por la tarde, porque necesito dinero.

ALINA	Necesitamos descansar, ¿verdad?
LISA	Sí, ¿vamos a bailar esta noche?
ALINA	Sí, es una idea excelente. Ya es tarde, Lisa. Me voy a clase. ¿Hablamos por la tarde?
LISA	Sí, hasta luego.

Ana Sandoval y José Santos conversan en la cafetería de la universidad. Él es profesor de contabilidad y ella trabaja en la oficina de administración.

JOSÉ	¿Deseas tomar café?
ANA	No, gracias. Yo no tomo café.
JOSÉ	¿Deseas una taza de té?
ANA	Sí, muchas gracias. Oye, ¿tú enseñas solamente por la mañana?
JOSÉ	No, también enseño los martes y jueves por la noche, y los lunes por la tarde.
ANA	Trabajas mucho...
JOSÉ	¡Necesito el dinero! Por eso trabajo horas extras. Oye... ¿qué hora es?
ANA	Es la una y media. ¿Por qué?
JOSÉ	Porque a las dos hay un programa muy importante en la tele.
ANA	¿El partido de fútbol entre Argentina y Brasil?
JOSÉ	¡Sí! ¡Me voy! Nos vemos.

III. Preguntas y respuestas

Answer each question about the dialogues you just heard, omitting the subject. Repeat the correct answer.

IV. Puntos para recordar

A. Present indicative of -ar verbs. Answer each question you hear, always choosing the first possibility and omitting the subject. Repeat the correct answer.

    MODELO: —¿Usted habla inglés o español?

                       —*Hablo inglés.*

B. Interrogative sentences. Answer each question you hear, using the cue provided and omitting the subject. Pay special attention to the use of interrogative words. Repeat the correct answer.

    MODELO: —¿Dónde trabajas? (en la cafetería)

                       —*Trabajo en la cafetería.*

Name _____ Section _____ Date _____

C. **Negative sentences.** Answer each question you hear in the negative, omitting the subject. Repeat the correct answer.

   MODELO: —¿Elsa trabaja por la mañana?
   —*No, no trabaja por la mañana.*

D. **Possessive adjectives.** Answer each question you hear, using the cue provided. Repeat the correct answer.

   MODELO: —¿De dónde es tu profesora? (El Salvador)
   —*Mi profesora es de El Salvador.*

E. **Definite articles II.** Repeat each word you hear, adding the appropriate definite article. Repeat the correct answer.

   MODELO: universidad
   la universidad

F. **Numbers.** In this exercise, the speaker will name a day of the year. Say its date. Repeat the correct answer.

   MODELO: Halloween
   el treinta y uno de octubre

G. **Days of the week.** In this exercise, you will hear several questions. The person asking these questions is always a day ahead. Respond saying the correct day. Repeat the correct answer.

   MODELO: —¿Hoy es lunes?
   —*No, hoy es domingo.*

H. **Months and seasons.** In this exercise, the speaker will name a month. State the season in which the month falls. Repeat the correct answer.

   MODELO: diciembre
   el invierno

V. Contesta las preguntas

Answer each question you hear, using the cue provided and omitting the subject. Repeat the correct answer.

   MODELO: —¿Estudia usted por la mañana? (por la tarde)
   —*No, estudio por la tarde.*

Copyright © 2016 by Nelson Education Ltd. All rights reserved.   LABORATORY MANUAL, LECCIÓN 2   149

VI. Ejercicios de comprensión

A. You will hear three statements about each picture. Indicate the letter of the statement that best corresponds to the picture.

1.   a   b   c

2.   a   b   c

3.   a   b   c

4.   a   b   c

5.   a   b   c

B. You will hear a series of statements. Indicate **L** if the statement is logical (**lógico**) or **I** if it is illogical (**ilógico**).

1. L I
2. L I
3. L I
4. L I
5. L I

6. L I
7. L I
8. L I
9. L I
10. L I

C. Listen carefully to the dialogue.

Now, answer each question about the dialogue, omitting the subject. Repeat the correct answer.

Name _____ Section _____ Date _____

VII. Para escuchar y escribir

A. In this exercise, you will hear a list of twelve numbers. Listen to each number twice. Write the number, using numerals rather than words.

1. _____   5. _____   9. _____

2. _____   6. _____   10. _____

3. _____   7. _____   11. _____

4. _____   8. _____   12. _____

B. In this exercise, you will hear five sentences. Listen to each sentence twice. After you listen for the first time, stop the audio and write what you have heard. Then, play the sentence for a second time to check your work and fill in what you have missed.

1. _____

2. _____

3. _____

4. _____

5. _____

Name _____ Section _____ Date _____

LECCIÓN 3

Laboratory Activities

I. Pronunciación

Listen and repeat the following words, paying close attention to the pronunciation of **b** and **v**.

Benito / Viviana / mueble / lavar / favorito / basura / Benavente / barre

Now listen and repeat the following sentences, paying close attention to the pronunciation of **b** and **v**.

1. La nueva biblioteca es buena.
2. Víctor y Beatriz beben una botella de vino blanco.
3. Roberto Vera vive bien en Nevada.
4. Los jueves y los viernes, Beto y yo navegamos la Red.
5. Verónica Barrios viene el sábado veintinueve.

II. Diálogos: Antes de la fiesta

Listen to the dialogue twice, paying close attention to the speakers' intonation and pronunciation patterns. First, listen to the entire dialogue; then, as you listen for a second time, stop the recording after each sentence and repeat after the speakers.

Hoy es un día muy ocupado para Alicia, Diego y Susana; tres hermanos que viven en la Ciudad de México. Sus padres viven en Puebla, pero ellos son estudiantes y tienen un apartamento juntos.

ALICIA   ¿Cómo es posible? Esta noche es la fiesta de cumpleaños de Susana y todavía no limpiamos la casa.

DIEGO   Bueno, yo no tengo que trabajar hoy. ¡Juntos es posible hacer todas las preparaciones!

ALICIA   Muy bien, gracias, Diego. Tú pasas la aspiradora y yo limpio el cuarto de baño.

DIEGO   Sí, pero antes saco la basura y barro el comedor y la sala.

ALICIA   Dividir el trabajo es una idea excelente. Especialmente cuando tenemos seis horas y media para hacer todo.

DIEGO   ¡Excelente! Yo pongo música.

ALICIA   Ahora, ¡a trabajar!

Esa tarde Susana regresa a casa.

SUSANA	¡Alicia y Diego la casa está perfecta! Ustedes son unos hermanos fantásticos.
ALICIA	Gracias, Susana. Es tu cumpleaños y nosotros deseamos celebrar en una casa limpia.
DIEGO	¿Por qué no descansamos un rato y bebemos una limonada? Yo tengo mucha sed.
SUSANA	Tienes razón. Hay limonada en el refrigerador.
ALICIA	Bueno, descansamos un momento, pero después debo preparar la comida.
DIEGO	Y yo necesito preparar las bebidas.
SUSANA	¿Cuándo llegan todos?
ALICIA	Marcos y sus hermanas llegan a las ocho y tus amigos vienen a las ocho y media.
DIEGO	¡Ay! ¡Son las ocho ahora!
ALICIA	Diego, tocan a la puerta.
SUSANA	Debe ser Marcos. *[Corre a abrir.]*

Esa noche, cuando llegan todos los amigos, cenan y conversan en el comedor. Después de comer escuchan música y bailan hasta muy tarde. Para Susana, es un cumpleaños maravilloso.

III. Preguntas y respuestas

Answer each question about the dialogues you just heard, omitting the subject. Repeat the correct answer.

IV. Puntos para recordar

A. **Present indicative of -er and -ir verbs.** Answer each question you hear, using the cue provided, and omitting the subject. Repeat the correct answer.

   MODELO: —¿Qué bebes tú? (café)
   —*Bebo café.*

B. **Possession with *de*.** In this exercise, you will hear a list of objects and their owners. Using the verb **ser,** say to whom the items belong. Repeat the correct answer.

   MODELO: la plancha / Elena
   Es la plancha de Elena.

Name _____ Section _____ Date _____

C. **Present indicative of *tener* and *venir*.** Change the subject of each sentence you hear to the cue provided. Repeat the correct answer.

   MODELO: Ella viene a las ocho. (Ustedes)

   Ustedes vienen a las ocho.

D. **Expressions with *tener* I.** Use an expression with **tener** and the cue provided to say what the people mentioned in this exercise have to do. Repeat the correct answers.

   MODELO: Rosa / abrir la puerta

   Rosa tiene que abrir la puerta.

E. **Expressions with *tener* II.** After each statement, use an expression with **tener** to say how people would feel in the scenario described. Repeat the correct answer.

   MODELO: I am in Nunavut in January.

   Yo tengo mucho frío.

F. **Demonstrative adjectives.** In this exercise, you will hear a list of demonstrative adjectives and nouns. Using the cue provided, change the demonstrative adjective for each new noun. Repeat the correct answer.

   MODELO: este hombre / (mujer)

   esta mujer

V. Contesta las preguntas

Answer each question you hear, using the cue provided, and omitting the subject. Repeat the correct answer.

   MODELO: —¿Usted vive en Calgary? (no)

   —*No, no vivo en Calgary.*

VI. Ejercicios de comprensión

A. You will hear three statements about each picture. Indicate the letter of the statement that best corresponds to the picture.

1. a b c    2. a b c    3. a b c

4. a b c    5. a b c

B. You will hear a series of statements. Indicate **L** if the statement is logical (**lógico**) or **I** if it is illogical (**ilógico**).

1. L I   6. L I

2. L I   7. L I

3. L I   8. L I

4. L I   9. L I

5. L I   10. L I

C. Listen carefully to the dialogue.

Now, answer each question about the dialogue, omitting the subject. Repeat the correct answer.

Name _____ Section _____ Date _____

VII. Para escuchar y escribir

A. In this exercise, you will hear a series of twelve numbers. Listen to each number twice. Write the numbers, using numerals rather than words.

1. _____   5. _____   9. _____

2. _____   6. _____   10. _____

3. _____   7. _____   11. _____

4. _____   8. _____   12. _____

B. In this exercise, you will hear five sentences. Listen to each sentence twice. After you listen for the first time, stop the audio and write what you have heard. Then, play the sentence for a second time to check your work and fill in what you have missed.

1. _____

2. _____

3. _____

4. _____

5. _____

LECCIÓN 4

Laboratory Activities

I. Pronunciación

Listen and repeat the following words, paying close attention to the pronunciation of the consonant **c**.

club / café / capital / Carlos / cansado / cuñado / Cecilia / conocer / Celia / cocina / información

Now, listen and repeat the following sentences, paying close attention to the pronunciation of the consonant **c**.

1. Clara conversa con Claudia.
2. La camarera come en el café.
3. César va al cine y al club.
4. Graciela come a las cinco.
5. Celia conduce con Carmen.

II. Diálogos: Una celebración

Listen to the dialogues twice, paying close attention to the speakers' intonation and pronunciation patterns. First, listen to the entire dialogue; then, as you listen for a second time stop the recording after each sentence and repeat after the speakers.

Silvia y Esteban deciden dar una fiesta para celebrar el cumpleaños de Mónica, una chica guatemalteca que ahora vive en San Salvador con la familia de Silvia.

ESTEBAN   Tenemos que mandar las invitaciones. ¿A quiénes vamos a invitar?

SILVIA   A todos nuestros amigos, a mis primos, al novio de Mónica y a Yolanda.

ESTEBAN   Yo no conozco a Yolanda. ¿Quién es?

SILVIA   Es la hermana del novio de Mónica.

ESTEBAN   ¿Ah, sí? ¿Es bonita? ¿Es rubia, morena o pelirroja? No es casada, ¿verdad?

SILVIA   Es morena, de ojos castaños, delgada, de estatura mediana... encantadora... y es soltera.

ESTEBAN	Bueno, si baila bien, ya estoy enamorado.
SILVIA	Oye, tenemos que planear la fiesta. Va a ser en el club, ¿no?
ESTEBAN	No, va a ser en la casa de mis abuelos. Ellos están en Costa Rica con mi madrina y yo tengo la llave de la casa.
SILVIA	¡Perfecto! Yo traigo los entremeses y la torta de cumpleaños.
ESTEBAN	Yo traigo las bebidas, la música y el reproductor MP3. Yo sé que mis abuelos no tienen música para bailar.

En la fiesta, cuando Mónica, su novio y Yolanda llegan a la casa, todos gritan: ¡Feliz cumpleaños!

MÓNICA	*[Contenta]* ¡Qué sorpresa!
SILVIA	¿Qué deseas tomar? ¿Champán, cerveza...? ¿O deseas comer algo?
MÓNICA	Una copa de champán para brindar con todos mis amigos.
SILVIA	*[Levanta su copa.]* ¡Un brindis! ¡Por Mónica! ¡Salud!
TODOS	¡Salud!
ESTEBAN	*[A Yolanda]* Hola, soy Esteban Campos. Tú eres Yolanda, ¿verdad?
YOLANDA	Sí, mucho gusto.
ESTEBAN	¿Bailamos? ¿Te gusta bailar salsa?
YOLANDA	Sí, me gusta, aunque no sé bailar muy bien.

Esteban y Yolanda bailan y conversan. Todos los invitados lo pasan muy bien.

SILVIA	*[A Mónica]* Veo que Yolanda y Esteban están muy animados.
MÓNICA	Sí, hacen una buena pareja. Oye, Silvia, la fiesta es todo un éxito. ¡Muchas gracias!

Después de la fiesta, Esteban lleva a Silvia y a Mónica a su casa. Las chicas están cansadas, pero contentas.

III. Preguntas y respuestas

Answer each question about the dialogues you just heard, omitting the subject. Repeat the correct answer.

IV. Puntos para recordar

A. **Verbs with irregular first-person forms.** Answer each question you hear in the first-person singular, using the cue provided and omitting the subject. Repeat the correct answer.

MODELO: —¿A qué hora sales de tu casa? (a las siete)

—*Salgo de mi casa a las siete.*

Name _____ Section _____ Date _____

B. **Saber vs. conocer.** Use the cues provided to create sentences that state what people know, whom they know, or what they know how to do. Use the appropriate verb: **saber** or **conocer**. Repeat the correct answer.

   MODELO: yo / al novio de Alina
             Yo conozco al novio de Alina.

C. **Personal *a*.** Answer each question you hear in the negative, using the cue provided and the personal **a** as appropriate. Repeat the correct answer.

   MODELO: —¿Llamas a Rosa? (Marta)
             —*No, llamo a Marta.*

D. **Contractions: *al* and *del*.** Answer each question you hear, using the cue provided, and omitting the subject. Repeat the correct answer.

   MODELO: —¿De quién es el libro? (el profesor)
             —*Es del profesor.*

E. **Present indicative of *ir*, *dar*, and *estar*.** Use the cues provided to create sentences to say where the people mentioned in this exercise are, how they are, what they give, or where they go. Repeat the correct answer.

   MODELO: Jorge / al cine
             Jorge va al cine.

F. ***Ir a* + infinitive.** Answer each question you hear using the cue provided, and omitting the subject. Repeat the correct answer.

   MODELO: —¿Con quién vas a bailar? (Daniel)
             —*Voy a bailar con Daniel.*

V. Contesta las preguntas

Answer each question you hear, using the cues provided and omitting the subject. Repeat the correct answer.

   MODELO: —¿Vas a dar una fiesta el sábado? (no, el domingo)
             —*No, voy a dar una fiesta el domingo.*

VI. Ejercicios de comprensión

A. You will hear three statements about each picture. Indicate the letter of the statement that best corresponds to the picture.

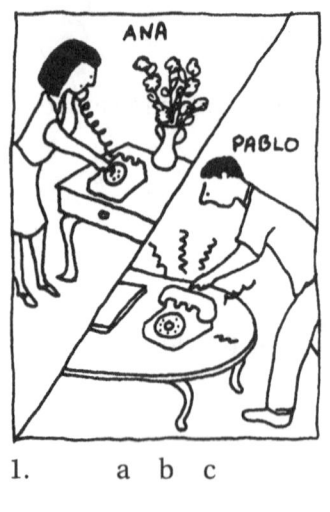

1. a b c
2. a b c 
3. a b c 
4. a b c 
5. a b c 
6. a b c 

B. You will hear a series of statements. Indicate **L** if the statement is logical (**lógico**) or **I** if it is illogical (**ilógico**).

1. L I
2. L I
3. L I
4. L I
5. L I
6. L I
7. L I
8. L I
9. L I
10. L I

C. Listen carefully to the dialogue.

Now, answer each question about the dialogue, omitting the subject. Repeat the correct answer.

Name _____ Section _____ Date _____

VII. Para escuchar y escribir

In this exercise, you will hear five sentences. Listen to each sentence twice. After you listen for the first time, stop the audio and write what you have heard. Then, play the sentence for a second time to check your work and fill in what you have missed.

1. _____
2. _____
3. _____
4. _____
5. _____

Name _____ Section _____ Date _____

LECCIÓN 5

Laboratory Activities

I. Pronunciación

Listen and repeat the following words, paying close attention to the pronunciation of the consonants **g, j,** and **h**.

grupo / llegar / seguro / grande / geografía / general / ojo / bajo / joven / mejor / juego / ahora / hermoso / hermana / hambre /

Now listen and repeat the following sentences, paying close attention to the pronunciation of the consonants **g, j,** and **h**.

1. Gerardo y Gustavo Herrera son bajos.
2. Julia González es joven y hermosa.
3. Mi hermano Héctor es muy generoso.
4. Jorge y yo no hablamos hasta el jueves.
5. El grupo de Jamaica llega ahora.

II. Diálogos: En un restaurante

Listen to the dialogues twice, paying close attention to the speakers' intonation and pronunciation patterns. First, listen to the entire dialogue; then, as you listen for a second time stop the recording after each sentence and repeat after the speakers.

La familia Carreras, de Panamá, está de vacaciones en Costa Rica. Esta noche Andrea y Javier están en uno de los mejores restaurantes de San José, celebrando su aniversario de bodas. Ahora están conversando y esperando al camarero.

ANDREA   *[Leyendo el menú]* ¡Ay, no sé qué comer! Pollo a la parrilla, langosta, pescado asado...

JAVIER   Yo quiero bistec con puré de papas y verduras. ¡Oye!, ¿no quieres un coctel de camarones para empezar?

ANDREA   ¡Buena idea! Ah, aquí viene el camarero.

CAMARERO	¡Buenas noches! La especialidad de hoy es cordero asado y bistec con langosta; ¿qué desean tomar?
JAVIER	Cerveza, por favor.
ANDREA	Una copa de vino tinto, gracias.
CAMARERO	¿Y para comer?
ANDREA	Para mí, sopa de cebolla, cordero asado y arroz.
JAVIER	Yo deseo bistec con puré de papas y... una ensalada de tomates.

Más tarde.

JAVIER	*[Lee la lista de postres.]* Flan, torta, helado, arroz con leche, pastel...
ANDREA	Yo quiero helado de vainilla.
JAVIER	Yo voy a comer flan con crema y después tomamos un café.

Javier paga la cuenta y deja una buena propina.

Al día siguiente Andrea y Javier llevan a sus hijos a desayunar. Anita es una niña muy bonita y un poco tímida. Es mayor que Luisito, pero él es más alto que ella. El niño es simpático y travieso.

JAVIER	*[Al mozo]* Buenos días. Deseo jugo de naranja, huevos con jamón y pan tostado con mantequilla y mermelada.
ANDREA	Yo prefiero una ensalada de frutas y un café con leche. *[A Anita]* ¿Qué quieres tú?
ANITA	Yo quiero panqueques y un vaso de leche.
LUISITO	Yo quiero un perro caliente y una Coca-Cola.
JAVIER	¡No, no, no! Tienes que comer algo mejor.
LUISITO	Bueno... una hamburguesa y una taza de chocolate.
ANDREA	Está bien, pero en el almuerzo vas a comer pollo y verduras.
LUISITO	No me gusta el pollo. No es tan sabroso como la pizza.

Cuando terminan de desayunar son las diez de la mañana.

III. Preguntas y respuestas

Answer each question about the dialogues you just heard, omitting the subject. Repeat the correct answer.

Name _____ Section _____ Date _____

IV. Puntos para recordar

A. Present progressive. In this exercise, you will be provided with a subject, an infinitive, and additional words. Use the cues provided to describe what the people are doing now. Repeat the correct answer.

MODELO: yo / hablar / español

Yo estoy hablando español.

B. Uses of *ser* and *estar*. Combine the phrases you hear, using the appropriate forms of **ser** or **estar** to form sentences. Repeat the correct answer.

MODELO: Fernando / muy guapo

Fernando es muy guapo.

C. Stem-changing verbs: *e > ie*. Replace the verb in each sentence with the cue provided, making all necessary changes. Repeat the correct answer.

MODELO: Nosotros deseamos ir. (querer)

Nosotros queremos ir.

D. Comparative and superlative adjectives, adverbs, and nouns. Answer each question you hear, using the cue provided. Repeat the correct answer.

MODELO: —¿Quién es la más inteligente de la clase? (Elsa)

—*Elsa es la más inteligente de la clase.*

E. Pronouns as objects of prepositions. Answer each question you hear in the negative. Repeat the correct answer.

MODELO: —¿Vas a la fiesta conmigo?

—*No, no voy a la fiesta contigo.*

V. Contesta las preguntas

Answer each question you hear, using the cue provided, and omitting the subject. Repeat the correct answer.

MODELO: —¿Pedro quiere sopa de cebollas o sopa de vegetales? (sopa de cebollas)

—*Quiere sopa de cebollas.*

VI. Ejercicios de comprensión

A. You will hear three statements about each picture. Indicate the letter of the statement that best corresponds to the picture.

1. a b c

2. a b c

3. a b c

4. a b c

5. a b c

6. a b c

B. You will hear a series of statements. Indicate **L** if the statement is logical (**lógico**) or **I** if it is illogical (**ilógico**).

1. L I   6. L I

2. L I   7. L I

3. L I   8. L I

4. L I   9. L I

5. L I   10. L I

C. Listen carefully to the dialogue.

Now, answer each question about the dialogue, omitting the subject. Repeat the correct answer.

Name _____ Section _____ Date _____

VII. Para escuchar y escribir

In this exercise, you will hear five sentences. Listen to the each sentence twice. After you listen for the first time, stop the audio and write what you have heard. Then, play the sentence for a second time to check your work and fill in what you have missed.

1. _____
2. _____
3. _____
4. _____
5. _____

Name _____ Section _____ Date _____

LECCIÓN 6

Laboratory Activities

I. Pronunciación

Listen and repeat the following words, paying close attention to the pronunciation of **ll** and **ñ.**

llevar / allí / sello / estampilla / ventanilla / llamar / amarillo / mañana / castaño / español / señora / otoño

Now listen and repeat the following sentences, paying close attention to the pronunciation of **ll** and **ñ.**

1. Los sellos del señor Peña están allí.
2. La señorita Acuña es de España.
3. La señora va a llamar mañana.
4. El señor Llanos llega en el otoño.
5. Venden estampillas en la ventanilla.

II. Diálogos: En el mercado

Listen to the dialogues twice, paying close attention to the speakers' intonation and pronunciation patterns. First, listen to the entire dialogue; then, as you listen for a second time, stop the recording after each sentence and repeat after the speakers.

Marta y Ariel son dos amigos que viven juntos. Ellos son de Honduras, pero hace un mes que viven en Managua, la capital de Nicaragua, en un apartamento que está cerca de la universidad.

MARTA   No hay nada en el refrigerador, excepto un poco de carne. Tenemos que ir al supermercado.

ARIEL   ¿Podemos almorzar antes de ir? Yo estoy muerto de hambre.

MARTA   Bueno, podemos ir a un restaurante antes...

Más tarde, en el supermercado.

ARIEL   Necesitamos azúcar, una docena de huevos, mantequilla, papel higiénico, detergente... ¿qué más? ¿Dónde está la lista?

MARTA   Yo la tengo. A ver... papas, zanahorias, brócoli, apio, pimientos...

ARIEL	¡Caramba! ¡Tantos vegetales! ¿Quién los va a comer?
MARTA	¡Tú y yo! Nosotros debemos comer de siete a ocho vegetales o frutas al día.

Don José y doña Ada, los padres de Ariel, están en un mercado al aire libre.

DON JOSÉ	¿Cuánto cuestan las chuletas de cerdo?
DOÑA ADA	Son un poco caras, pero podemos comprarlas, si tú quieres. ¿Quieres chuletas de cerdo o chuletas de ternera?
DON JOSÉ	Las dos, y también chuletas de cordero.
DOÑA ADA	¡No, no! Tienes que elegir una.
DON JOSÉ	Está bien... elijo las chuletas de cerdo. Después tenemos que ir a la pescadería y a la panadería.
DOÑA ADA	Sí, pero antes voy a comprar pepinos, tomates y cebollas.
DON JOSÉ	También necesitamos salsa de tomate porque quiero preparar mis famosos espaguetis con albóndigas.
DOÑA ADA	Buena idea. Tu hermana vuelve a las seis y puede cenar con nosotros.
DON JOSÉ	¡Perfecto! Tú tienes el día libre hoy, de modo que yo soy el cocinero.
DOÑA ADA	¡Y tú cocinas muy bien!

III. Preguntas y respuestas

Answer each question about the dialogues you just heard, omitting the subject. Repeat the correct answer.

IV. Puntos para recordar

A. Stem-changing verbs: *o > ue*. Answer each question you hear, using the cue provided, and omitting the subject. Repeat the correct answer.

MODELO: —¿Recuerdas la dirección de Ariel? (sí)
—*Sí, recuerdo la dirección de Ariel.*

B. Stem-changing verbs: *e > i*. Answer each question you hear, using the cue provided. Repeat the correct answer.

MODELO: —¿Qué sirven ustedes por la mañana? (café)
—*Servimos café.*

Name _____ Section _____ Date _____

C. **Direct object pronouns.** Answer each question you hear in the affirmative, using the appropriate direct object pronoun. Repeat the correct answer.

   MODELO: —¿Necesitas las frutas?
            —*Sí, las necesito.*

D. **Negative expressions.** Change each sentence you hear to the negative. Repeat the correct answer.

   MODELO: Necesito algo.
            No necesito nada.

E. *Hace... que.* Answer each question you hear, using the cue provided. Repeat the correct answer.

   MODELO: —¿Cuánto tiempo hace que usted vive aquí? (diez años)
            —*Hace diez años que vivo aquí.*

V. Contesta las preguntas

Answer each question you hear, using the cue provided, and omitting the subject. Repeat the correct answer.

   MODELO: —¿Dónde compra usted la fruta? (mercado al aire libre)
            —*Compro la fruta en el mercado al aire libre.*

VI. Ejercicios de comprensión

A. You will hear three statements about each picture. Indicate the letter of the statement that best corresponds to the picture.

1. a b c    2. a b c    3. a b c

LABORATORY MANUAL, LECCIÓN 6

4.   a   b   c   5.   a   b   c

B. You will hear a series of statements. Indicate L if the statement is logical (**lógico**) or I if it is illogical (**ilógico**).

1. L I   6. L I

2. L I   7. L I

3. L I   8. L I

4. L I   9. L I

5. L I   10. L I

C. Listen carefully to the dialogue.

Now, answer each question about the dialogue, omitting the subject. Repeat the correct answer.

VII. Para escuchar y escribir

In this exercise, you will hear five sentences. Listen to each sentence twice. After you listen for the first time, stop the audio and write what you have heard. Then, play the sentence for a second time to check your work and fill in what you have missed.

1. _____

2. _____

3. _____

4. _____

5. _____

Name _____ Section _____ Date _____

LECCIÓN 7

Laboratory Activities

I. Pronunciación

Listen and repeat the following words, paying close attention to the pronunciation of the consonants **l, r,** and **rr.**

película / levantan / último / Olga / Aranda / volvieron / invitaron / florero / aburrirse / recepción / reírse / Enrique / correr

Now listen and repeat the following sentences, paying close attention to the pronunciation of the consonants **l, r,** and **rr.**

1. Aldo y Olga lavan los platos.
2. Elena celebra su cumpleaños.
3. Es el florero favorito de Aurora.
4. Raúl Correa y Enrique Rubio son ricos.

II. Diálogos: Un fin de semana

Listen to the dialogues twice, paying close attention to the speakers' intonation and pronunciation patterns. First, listen to the entire dialogue; then, as you listen for a second time stop the recording after each sentence and repeat after the speakers.

Carlos Aranda y su esposa Ester son cubanos, pero ahora viven en un apartamento grande y moderno en Santo Domingo. Tienen dos hijos: Olga, de diecinueve años, y Pablo, de diecisiete años.
  Carlos y Ester se levantan temprano hoy porque tienen muchos planes para el fin de semana. Los chicos duermen hasta las diez porque anoche fueron a una fiesta de cumpleaños en la casa de sus primos y volvieron muy tarde.

ESTER   ¿Vamos a ir al teatro con tus padres? Ellos nos invitaron la semana pasada.

CARLOS Tú sabes que a mí no me gusta ir al teatro; me gusta más el cine. Papá quiere ver la película que ponen en el cine *Rex*. Es una película de detectives...

ESTER   Bueno, voy a preguntarles si quieren cambiar sus planes, pero a tu mamá le gustan las comedias románticas.

CARLOS	¡Ah! Teresa nos mandó la invitación para su boda. La recepción va a ser en el club Náutico. Tenemos que comprar un regalo. ¿Quieres ir de compras *(go shopping)* conmigo?
ESTER	Podemos ir un rato. ¿Ya se levantaron los chicos?
CARLOS	Sí, están desayunando. Olga no está contenta porque no puede ir a patinar con sus amigos esta tarde.
ESTER	Ella sabe que esta tarde tenemos que ir a visitar a tía Marcela, que nos invitó a merendar.
CARLOS	¡Ay, pobre chica! En vez de divertirse con sus amigos, se va a aburrir con tu tía Marcela…
ESTER	*[Se ríe]* ¡Está bien! Le voy a decir que no tiene que ir con nosotros.
CARLOS	*[Bromeando]* ¿Yo puedo ir a patinar con ella?

Olga y Pablo están hablando en la cocina.

PABLO	Yo voy a ir a nadar con Beto y René esta tarde y después vamos a ir a ver un partido de béisbol.
OLGA	¿Me estás diciendo que no tienes que ir a la casa de tía Marcela?
PABLO	No, papá me dio permiso para salir con mis amigos.
OLGA	¡Eso no es justo! ¡A veces quiero ser hija única! ¡Mamá!
ESTER	*[Entra en la cocina.]* No tienes que ir con nosotros, Olga.
OLGA	Esta noche, ¿puedo ir a bailar con María Inés y su hermano? Hay un club nocturno nuevo…
ESTER	¡Ajá! ¿El hermano…?
OLGA	A los dos nos gusta bailar… eso es todo…
ESTER	Bueno, pero tienes que volver antes de la medianoche.
OLGA	Les voy a decir que me tienen que traer a las doce menos cinco, ¡sin falta!

III. Preguntas y respuestas

Answer each question about the dialogues you just heard, omitting the subject. Repeat the correct answer.

IV. Puntos para recordar

A. Preterite of regular verbs. Change the verb in each statement you hear from the present tense to the preterite. Repeat the correct answer.

MODELO: Yo trabajo con ellos.
Yo trabajé con ellos.

B. Preterite of *ser, ir,* and *dar*. Change the verb in each question you hear from the present tense to the preterite. Repeat the correct answer.

MODELO: ¿Adónde van ellos?
¿Adónde fueron ellos?

C. Indirect object pronouns. Answer each question you hear, using the cue provided. Pay special attention to the use of indirect object pronouns. Repeat the correct answer.

MODELO: —¿Tú le escribiste a tu tío? (sí)
—*Sí, le escribí.*

D. The verb *gustar*. Answer each question you hear, always choosing the first possibility. Repeat the correct answer.

MODELO: —¿Te gusta más la langosta o el pescado?
—*Me gusta más la langosta.*

E. Reflexive constructions. Answer each question you hear, using the cue provided. Repeat the correct answer.

MODELO: —¿A qué hora te levantas tú? (a las siete)
—*Me levanto a las siete.*

V. Contesta las preguntas

Answer each question you hear, using the cue provided, and omitting the subject. Repeat the correct answer.

MODELO: —¿A qué hora se despiertan ustedes? (a las cinco y media)
—*Nos despertamos a las cinco y media.*

VI. Ejercicios de comprensión

A. You will hear three statements about each picture. Indicate the letter of the statement that best corresponds to the picture.

1.   a   b   c    2.   a   b   c    3.   a   b   c

4.   a   b   c    5.   a   b   c    6.   a   b   c

B. You will hear a series of statements. Indicate **L** if the statement is logical (**lógico**) or **I** if it is illogical (**ilógico**).

1. L I   6. L I

2. L I   7. L I

3. L I   8. L I

4. L I   9. L I

5. L I   10. L I

C. Listen carefully to the dialogue.

Now, answer each question about the dialogue, omitting the subject. Repeat the correct answer.

Name _____ Section _____ Date _____

VII. Para escuchar y escribir

In this exercise, you will hear five sentences. Listen to each sentence twice. After you listen for the first time, stop the audio and write what you have heard. Then, play the sentence for a second time to check your work and fill in what you have missed.

1. _____
2. _____
3. _____
4. _____
5. _____

Name _____ Section _____ Date _____

LECCIÓN 8

Laboratory Activities

I. Pronunciación

Listen and repeat the following sentences, paying close attention to your pronunciation and intonation.

1. Nos hospedamos en hoteles muy buenos.
2. Frecuentemente se juntan para ir a cenar.
3. Soy un experto en armar tiendas de campaña.
4. Vi a unos hombres que vendían pescado.
5. Podemos alquilar una canoa para ir a pescar.

II. Diálogos: Las actividades al aire libre

Listen to the dialogues twice, paying close attention to the speakers' intonation and pronunciation patterns. First, listen to the entire dialogue; then, as you listen for a second time stop the recording after each sentence and repeat after the speakers.

Susana y Gloria son dos hermanas dominicanas que hablan con Jaime y David, dos chicos de Venezuela. Los amigos viven en Canadá porque estudian en la Universidad de Victoria. Frecuentemente todos se juntan para ir a cenar, al cine o a la playa. Ahora están planeando un fin de semana.

JAIME   Cuando yo era chico, mi familia y yo siempre íbamos a acampar al Parque Nacional de Canaima, de modo que soy un experto en armar tiendas de campaña, en hacer fogatas...

SUSANA   En cambio Gloria y yo pasábamos nuestras vacaciones cerca de la playa. Siempre nadábamos y buceábamos.

GLORIA   ¡Ay, sí! Ya les dije que nosotras no acampábamos nunca. Normalmente nos hospedábamos en hoteles.

JAIME   ¡Les va a encantar dormir bajo las estrellas, en una bolsa de dormir!

DAVID   Oye, tu amigo Alberto prometió prestarte sus bolsas de dormir. ¿Te las trajo?

JAIME   No, me las va a traer esta noche. También me va a prestar su caña de pescar.

DAVID   ¡Ah! No hay nada como comer pescado frito que uno acaba de pescar.

Llegaron al parque el viernes por la tarde. Por la noche no durmieron muy bien y hoy están un poco cansados. Se levantaron muy temprano para hacer una caminata y ahora Jaime y David están tratando de pescar algo en el lago.

DAVID   ¡Ay! Dormí muy mal anoche. No quiero pasar mucho tiempo tratando de pescar algo.

JAIME   Pronto vamos a tener pescado para el almuerzo. ¡Te lo prometo!

DAVID   Espero que sí, porque tengo mucha hambre. Jaime, ¿dónde pusiste el termo de café?

JAIME   Se lo di a Gloria esta mañana, porque ella me lo pidió. Oye, después de almorzar podemos alquilar una canoa para ir a remar.

Dos horas más tarde.

DAVID   ¿Por qué no llamamos a Gloria y a Susana y les decimos que no pudimos pescar nada?

JAIME   Buena idea. Estoy cansado de esto, no hay nada en este lago.

Susana y Gloria traen dos cestas de picnic.

SUSANA Gloria y yo trajimos comida, por si acaso...

GLORIA Pollo frito, ensalada de papas, pastel de manzana...

DAVID   ¡Excelente idea! ¡Vamos a comer!

III. Preguntas y respuestas

Answer each question about the dialogues you just heard, omitting the subject. Repeat the correct answer.

IV. Puntos para recordar

A. **Preterite of irregular verbs.** Change the verb in each sentence you hear from the present to the preterite. Repeat the correct answer.

MODELO: Están allí.
          Estuvieron allí.

Name _____ Section _____ Date _____

B. **Direct and indirect object pronouns used together.** Answer each question you hear, using the cue provided. Replace the direct object with the corresponding direct object pronoun. Repeat the correct answer.

　MODELO:　—¿Quién te trajo la caña de pescar? (Teresa)
　　　　　　—Me la trajo Teresa.

C. **Stem-changing verbs in the preterite.** Replace the subject of each sentence you hear with the cue provided. Repeat the correct answer.

　MODELO:　Yo serví la comida. (Jorge)
　　　　　　Jorge sirvió la comida.

D. **The imperfect tense.** Change the verb in each sentence you hear to the imperfect tense. Repeat the correct answer.

　MODELO:　Hablo español.
　　　　　　Hablaba español.

E. **Formation of adverbs.** Change each adjective you hear to an adverb. Repeat the correct answer.

　MODELO:　fácil
　　　　　　fácilmente

V. Contesta las preguntas

Answer each question you hear, using the cue provided, and omitting the subject. Repeat the correct answer.

　MODELO:　—¿Adónde iba usted de vacaciones siempre? (a la playa)
　　　　　　—Siempre iba a la playa.

VI. Ejercicios de comprensión

A. You will hear three statements about each picture. Indicate the letter of the statement that best corresponds to the picture.

1. a b c    2. a b c    3. a b c

4. a b c    5. a b c

B. You will hear a series of statements. Indicate L if the statement is logical (**lógico**) or I if it is illogical (**ilógico**).

1. L I   6. L I

2. L I   7. L I

3. L I   8. L I

4. L I   9. L I

5. L I   10. L I

C. Listen carefully to the dialogue.

Now, answer each question about the dialogue, omitting the subject. Repeat the correct answer.

Name _____ Section _____ Date _____

VII. Para escuchar y escribir

In this exercise, you will hear five sentences. Listen to each sentence twice. After you listen for the first time, stop the audio and write what you have heard. Then, play the sentence for a second time to check your work and fill in what you have missed.

1. _____
2. _____
3. _____
4. _____
5. _____

Name _____ Section _____ Date _____

LECCIÓN 9

Laboratory Activities

I. Pronunciación

Listen and repeat the following sentences, paying close attention to your pronunciation and intonation.

1. Sara sabe exactamente lo que Pablo necesita.
2. Ya empezó el invierno.
3. Me dijiste que era su cumpleaños.
4. No sé qué talla usa.
5. Yo prefiero andar descalzo.

II. Diálogos: De compras

Listen to the dialogues twice, paying close attention to the speakers' intonation and pronunciation patterns. First, listen to the entire dialogue; then, as you listen for a second time stop the recording after each sentence and repeat after the speakers.

Sara y Pablo son muy buenos amigos. Los dos son de Ecuador, pero ahora viven y estudian en Lima. Se conocieron en la facultad de medicina hace dos años. Ahora están en una tienda porque Pablo necesita comprar ropa y, según Sara, ella sabe exactamente lo que él necesita.

SARA ¿Por qué no te pruebas estos pantalones? No son muy caros y están de moda.

PABLO ¿Qué? Yo tenía unos pantalones como estos cuando tenía quince años.

SARA *[Se ríe.]* Bueno... todo vuelve... Tú usas talla mediana, ¿no? Allí está el probador. Voy a buscarte una camisa.

PABLO Quiero una camisa blanca de mangas largas y una de mangas cortas.

SARA También necesitas un traje y una corbata para la boda de tu hermano... ¡y una chaqueta! Ya empezó el invierno y hace frío.

PABLO Oye, todo esto me va a costar un ojo de la cara.

SARA También tienes que comprar un regalo para tu mamá; me dijiste que era su cumpleaños.

PABLO	No sé qué comprarle. ¿Un vestido? ¿Una blusa y una falda? Pero… no sé qué talla usa.
SARA	No sé… quizá un par de aretes o una cadena de oro como la mía…
PABLO	¡Sara, no puedo gastar tanto! Yo no soy millonario. Le voy a regalar un ramo de flores y una bonita tarjeta de cumpleaños.
SARA	Me parece una excelente idea, Pablo. Yo sé que tú no eres tacaño.

Más tarde, en la zapatería.

EMPLEADO	¿En qué puedo servirle, señor?
PABLO	Necesito un par de zapatos. Creo que calzo el número cuarenta y cuatro.
SARA	Las botas que compraste el mes pasado eran cuarenta y tres.
PABLO	Sí, pero como me quedaban chicas y me apretaban un poco, se las mandé a mi hermano.
SARA	Buena idea. ¡Los zapatos tienen que ser cómodos!
PABLO	*[Se ríe.]* Entonces, ¿por qué usas esas sandalias de tacones altos?
SARA	Las compré porque eran baratas, pero prefiero usar zapatos de tenis.
PABLO	Yo prefiero andar descalzo. Cuando era chico, me quitaba los zapatos en cuanto llegaba de la escuela.
SARA	Oye, ¿qué hora es?
PABLO	No sé. Eran las cuatro cuando salimos de la tienda. ¿Quieres ir a comer algo?
SARA	Bueno, voy a llamar a Teresa para decirle que hoy no como en casa. Ella va a cocinar hoy…
PABLO	¡Caramba…! Entonces te hago un gran favor invitándote a cenar.
SARA	*[Se ríe.]* ¡Exactamente!

III. Preguntas y respuestas

Answer each question about the dialogues you just heard, omitting the subject. Repeat the correct answer.

IV. Puntos para recordar

A. **Some uses of *por* and *para*.** Answer each question you hear, using the cue provided. Pay special attention to the use of **por** or **para** in each question. Repeat the correct answer.

MODELO: —¿Para quién es la blusa? (Rita)
—*Es para Rita.*

Name _____ Section _____ Date _____

B. **Weather expressions.** Using **sí** or **no,** answer each question you hear. Repeat the correct answer.

MODELO: —¿En St. John's hace mucho viento?
—*Sí, hace mucho viento.*

C. **The preterite contrasted with the imperfect.** Answer each question you hear, using the cue provided. Pay special attention to the use of the preterite or the imperfect. Repeat the correct answer.

MODELO: —¿En qué idioma te hablaban tus padres? (en inglés)
—*Me hablaban en inglés.*

D. *Hace...* meaning *ago.* Answer each question you hear, using the cue provided. Repeat the correct answer.

MODELO: —¿Cuánto tiempo hace que tú llegaste? (veinte minutos)
—*Hace veinte minutos que llegué.*

E. **Possessive pronouns.** Answer each question you hear, using the cue provided. Repeat the correct answer.

MODELO: —Mis zapatos son negros. ¿Y los tuyos? (blancos)
—*Los míos son blancos.*

V. Contesta las preguntas

Answer each question you hear, using the cue provided, and omitting the subject. Repeat the correct answer.

MODELO: —¿Cuánto tiempo hace que usted llegó a la universidad? (dos horas)
—*Hace dos horas que llegué a la universidad.*

VI. Ejercicios de comprensión

A. You will hear three statements about each picture. Indicate the letter of the statement that best corresponds to the picture.

1. a b c    2. a b c    3. a b c

4. a b c 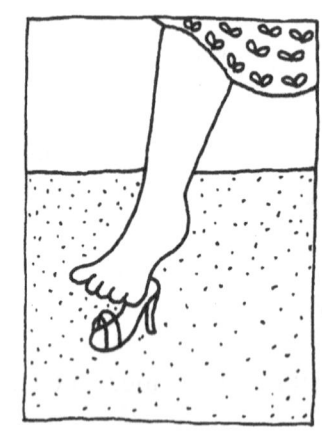   5. a b c    6. a b c

B. You will hear a series of statements. Indicate **L** if the statement is logical (**lógico**) or **I** if it is illogical (**ilógico**).

1. L I   6. L I

2. L I   7. L I

3. L I   8. L I

4. L I   9. L I

5. L I   10. L I

C. Listen carefully to the dialogue.

Now, answer each question about the dialogue, omitting the subject. Repeat the correct answer.

Name _____ Section _____ Date _____

VII. Para escuchar y escribir

In this exercise, you will hear five sentences. Listen to each sentence twice. After you listen for the first time, stop the audio and write what you have heard. Then, play the sentence for a second time to check your work and fill in what you have missed.

1. _____
2. _____
3. _____
4. _____
5. _____

Name _____ Section _____ Date _____

LECCIÓN 10

Laboratory Activities

I. Pronunciación

Listen and repeat the following sentences, paying close attention to your pronunciation and intonation.

1. Ha estado muy ocupado últimamente.
2. Tengo una cuenta de ahorros.
3. Llene esta planilla.
4. Quiero mandar esta carta certificada.
5. ¿Cuánto cuesta enviar un giro postal?

II. Diálogos: ¡A trabajar!

Listen to the dialogues twice, paying close attention to the speakers' intonation and pronunciation patterns. First, listen to the entire dialogue; then, as you listen for a second time stop the recording after each sentence and repeat after the speakers.

Roberto Sandoval ha estado muy ocupado últimamente. Hoy, por fin, tiene tres horas libres. Va al Banco Nacional para pedir un préstamo. El Banco está a tres cuadras de su oficina.

ROBERTO	Buenas tardes. Tengo una cita con el Sr. Domínguez.
EMPLEADO	Un momento, por favor. El Sr. Domínguez va a verlo en cinco minutos.
SR. DOMÍNGUEZ	Buenos días, Sr. Sandoval, mucho gusto.
ROBERTO	Buenos días, es un placer conocerlo. Estoy aquí porque deseo solicitar un préstamo.
SR. DOMÍNGUEZ	Muy bien. Déjeme ver su identificación.
	Veo que tiene una cuenta corriente con nuestro banco. Excelente. Debe llenar este formulario. Usted tiene muy buenas referencias y no creo que tenga inconvenientes.
ROBERTO	Excelentes noticias. Es un gran alivio saber esto.
SR. DOMÍNGUEZ	Por favor, puede firmar aquí en esta planilla y poner la fecha de hoy y sus iniciales en los espacios donde he puesto una marca.

Media hora más tarde, Roberto está en la tintorería haciendo cola porque hay mucha gente. Mientras espera, llama a su esposa, pero Eva no contesta y Roberto le escribe un mensaje de texto. Cuando es su turno, Roberto habla con la empleada.

ROBERTO   Por favor, necesito el traje que dejé la semana pasada. Aquí está el recibo.

EMPLEADA   Sí, un momento. Aquí está. Usted ya había pagado por la limpieza, así que no hay problema.

ROBERTO   Muchas gracias.

Roberto llega a su casa al mediodía y Eva le dice que Danielito había escondido el teléfono celular.

ROBERTO   ¿Danielito escondió tu teléfono celular? ¡No puedo creerlo! Bueno, ¿puedo almorzar antes de regresar a la oficina?

EVA   Hemos estado buscando el teléfono celular y no he tenido tiempo de cocinar.

ROBERTO   ¡Oh, no! Tengo una solución perfecta: vamos a comer afuera.

EVA   Perfecto. Por favor, ¿me puedes traer mi bolsa que está en la sala?

ROBERTO   ¡Ah! Otra buena sorpresa. Por fin, aquí está tu celular, debajo de la bolsa, Eva. Mira el mensaje de texto que te envié…

EVA   ¡Oh, qué estupendo!… Vamos a almorzar, ahora. Hay que celebrar.

III. Preguntas y respuestas

Answer each question about the dialogues you just heard, omitting the subject. Repeat the correct answer.

IV. Puntos para recordar

A. Past participles. Answer each question you hear, using the verb **estar** and the past participle of the verb used in the question. Repeat the correct answer.

MODELO: —¿Firmaron la planilla?
—*Sí, está firmada.*

B. Present perfect tense. Answer each question you hear by saying that the action mentioned has already been completed. If the sentence contains a direct object, substitute the appropriate direct object pronoun. Repeat the correct answer.

MODELO: —¿Va a cerrar usted la puerta?
—*Ya la he cerrado.*

Name _____ Section _____ Date _____

C. Past perfect tense. Change the verb in each statement you hear to the past perfect tense. Repeat the correct answer.

MODELO: Él cobró el cheque.
Él había cobrado el cheque.

D. The subjunctive mood. Answer each question you hear by using the cue provided to say what the people mentioned in this exercise should do. Always use the subjunctive. Repeat the correct answer.

MODELO: —¿Qué quieres tú que yo haga? (pagar el saldo)
—*Quiero que pagues el saldo.*

E. Subjunctive with verbs of volition. Respond to each statement you hear by saying that Eva doesn't want the people mentioned in this exercise to do what they want to do. Repeat the correct answer.

MODELO: Yo quiero ir a Chile.
Eva no quiere que yo vaya a Chile.

F. Subjunctive with verbs of emotion I. In this exercise, the speaker will make some statements describing how he or she feels. Change each statement so that it expresses an emotion with regard to someone else. Repeat the correct answer.

MODELO: Me alegro de estar aquí. (de que tú)
Me alegro de que tú estés aquí.

G. Subjunctive with verbs of emotion II. Using the cue provided, change each statement you hear so that it expresses an emotion. Repeat the correct answer.

MODELO: Ernesto no viene hoy. (Siento)
Siento que Ernesto no venga hoy.

V. Contesta las preguntas

Answer each question you hear, using the cue provided, and omitting the subject. Repeat the correct answer.

MODELO: —¿En qué banco tiene usted su dinero? (Banco de Asunción)
—*Tengo mi dinero en el Banco de Asunción.*

VI. Ejercicios de comprensión

A. You will hear three statements about each picture. Indicate the letter of the statement that best corresponds to the picture.

1. a b c   2. a b c   3. a b c

4. a b c   5. a b c   6. a b c

B. You will hear a series of statements. Indicate **L** if the statement is logical (**lógico**) or **I** if it is illogical (**ilógico**).

1. L I   6. L I

2. L I   7. L I

3. L I   8. L I

4. L I   9. L I

5. L I   10. L I

C. Listen carefully to the dialogue.

Now, answer each question about the dialogue, omitting the subject. Repeat the correct answer.

Name _____ Section _____ Date _____

VII. Para escuchar y escribir

In this exercise, you will hear five sentences. Listen to each sentence twice. After you listen for the first time, stop the audio and write what you have heard. Then, play the sentence for a second time to check your work and fill in what you have missed.

1. _____
2. _____
3. _____
4. _____
5. _____

Name _____ Section _____ Date _____

LECCIÓN 11

Laboratory Activities

I. Pronunciación

Listen and repeat the following sentences, paying close attention to your pronunciation and intonation.

1. Quiere pasar un mes en Viña del Mar.
2. Tenemos que ir a la agencia de viajes.
3. Yo te sugiero que lo averigües.
4. Hay paquetes que incluyen algunas excursiones.
5. Tiene que pagar exceso de equipaje.

II. Diálogos: ¡Buen viaje!

Listen to the dialogues twice, paying close attention to the speakers' intonation and pronunciation patterns. First, listen to the entire dialogue; then, as you listen for a second time stop the recording after each sentence and repeat after the speakers.

Héctor Rivas y su esposa, Sofía Vargas, viven en Santiago, la capital de Chile. Ahora están planeando sus vacaciones de verano. No pueden ponerse de acuerdo porque ella quiere pasar un mes en Viña del Mar, y él quiere ir a Buenos Aires y a Mar del Plata.

HÉCTOR   Espero que hoy podamos decidir lo que vamos a hacer, porque tenemos que ir a la agencia de viajes para comprar los pasajes.

SOFÍA   Yo te sugiero que averigües lo que cuestan dos pasajes de ida y vuelta a Buenos Aires, por avión. Podemos ahorrar dinero si vamos a Viña del Mar en coche...

HÉCTOR   ¡Pero hemos estado en Viña del Mar muchas veces! ¡Estoy un poco cansado de hacer siempre lo mismo!

SOFÍA   ¡Y yo temo que el viaje a Buenos Aires nos cueste mucho dinero!

HÉCTOR   Yo busqué información en la Internet. Hay paquetes que incluyen vuelo directo a Buenos Aires, hotel y algunas excursiones.

SOFÍA   Siento no poder compartir tu entusiasmo, Héctor, pero viajar a otro país es complicado... Necesitamos pasaporte...

HÉCTOR	Eso no es problema. Debemos conocer otros lugares.
SOFÍA	Bueno... tienes razón. ¡A Buenos Aires!
HÉCTOR	¡Perfecto! Dudo que haya otra ciudad tan cosmopolita.
SOFÍA	Sí, llamemos a mis padres para decirles.

El día del viaje, Sofía y Héctor hablan con el agente de la aerolínea en el aeropuerto.

AGENTE	¿Qué asientos desean? ¿De ventanilla o de pasillo?
HÉCTOR	No importa, dos asientos juntos.
SOFÍA	Cerca de la salida de emergencia hay más lugar.
HÉCTOR	El avión no hace escala, ¿verdad?
AGENTE	No, señor. ¿Cuántas maletas tienen?
SOFÍA	Tres maletas y dos bolsos de mano.
AGENTE	Tienen que pagar exceso de equipaje.
HÉCTOR	Parece que trajimos mucha ropa.
SOFÍA	¡Es que no sabía qué llevar! Y vamos a hacer tantas actividades diferentes.
HÉCTOR	Sí, es la verdad.
AGENTE	La puerta de salida es la número tres. ¡Buen viaje!

En la puerta número tres.

"Última llamada para los pasajeros del vuelo 340 a Buenos Aires. Suban al avión, por favor."

Héctor y Sofía le dan las tarjetas de embarque a la auxiliar de vuelo, suben al avión y ponen los bolsos de mano en el compartimento de equipajes.

SOFÍA	Tenemos que abrocharnos el cinturón de seguridad. Espero que tengamos un buen viaje.

III. Preguntas y respuestas

Answer each question about the dialogues you just heard, omitting the subject. Repeat the correct answer.

IV. Puntos para recordar

A. **Subjunctive to express doubt, denial, and disbelief.** Change each statement you hear, using the cue provided. Repeat the correct answer.

MODELO: El piloto está aquí. (No creo)
No creo que el piloto esté aquí.

Name _____ Section _____ Date _____

B. **Some uses of the prepositions *a*, *de*, and *en*.** Answer each question you hear, using the cue provided. Pay special attention to the use of the prepositions **a**, **de**, and **en**. Repeat the correct answer.

    MODELO: —¿A qué hora llegaron al aeropuerto? (a las ocho)
                        —*Llegaron a las ocho.*

C. **Formal commands: *Ud.* and *Uds.*** Change each statement you hear to a formal command. Repeat the correct answer.

    MODELO: Debe traerlo.
                        Tráigalo.

D. **First-person plural commands.** Answer each question you hear, using the cue provided and the first-person plural command form. Repeat the correct answer.

    MODELO: —¿Con quién hablamos? (con Roberto)
                        —*Hablemos con Roberto.*

V. Contesta las preguntas

Answer each question you hear, using the cue provided, and omitting the subject. Repeat the correct answer.

    MODELO: —Cuando usted se siente mal, ¿qué le aconsejan sus amigos que haga?

                    (ir al médico)
                    —*Me aconsejan que vaya al médico.*

VI. Ejercicios de comprensión

A. You will hear three statements about each picture. Indicate the letter of the statement that best corresponds to the picture.

1.   a   b   c    2.   a   b   c    3.   a   b   c

4. a b c   5. a b c   6. a b c

B. You will hear a series of statements. Indicate **L** if the statement is logical (**lógico**) or **I** if it is illogical (**ilógico**).

1. L I   6. L I

2. L I   7. L I

3. L I   8. L I

4. L I   9. L I

5. L I   10. L I

C. Listen carefully to the dialogue.

Now, answer each question about the dialogue, omitting the subject. Repeat the correct answer.

VII. Para escuchar y escribir

In this exercise, you will hear five sentences. Listen to each sentence twice. After you listen for the first time, stop the audio and write what you have heard. Then, play the sentence for a second time to check your work and fill in what you have missed.

1. _____

2. _____

3. _____

4. _____

5. _____

Name _____ Section _____ Date _____

LECCIÓN 12

Laboratory Activities

I. Pronunciación

Listen and repeat the following sentences, paying close attention to your pronunciation and intonation.

1. Queremos un hotel que tenga aire acondicionado.
2. Hay un montón de convenciones.
3. ¿No ves que es un hotel de lujo?
4. Tiene bañera y ducha.
5. ¿Estás planeando nuestras próximas vacaciones?

II. Diálogos: ¿Dónde nos hospedamos?

Listen to the dialogues twice, paying close attention to the speakers' intonation and pronunciation patterns. First, listen to the entire dialogue; then, as you listen for a second time stop the recording after each sentence and repeat after the speakers.

Estrella y Mariana, dos chicas argentinas, están de vacaciones en Viña del Mar, Chile.

ESTRELLA Tenemos que encontrar un hotel que no sea muy caro y que quede cerca de la playa.

MARIANA ¡Estrella! ¡No hicimos reservaciones! ¡Y no hay ningún hotel que tenga habitaciones libres!

ESTRELLA No seas pesimista. A ver... queremos un hotel que tenga aire acondicionado, teléfono, televisor, servicio de habitación y, si es posible, vista al mar.

MARIANA ¡Qué optimista! Hay muchos hoteles que tienen todo eso, pero están llenos. Hay un montón de turistas, y muchas convenciones.

ESTRELLA ¡Espera! Ahí hay un hotel...

MARIANA Pero, dime una cosa: ¿No ves que es un hotel de lujo? Probablemente cobran cincuenta mil pesos por noche. Nosotras necesitamos uno que cobre mucho menos...

ESTRELLA Pero tú tienes una tarjeta de crédito, ¿no? Bueno, ven. Vamos a buscar un taxi que nos lleve a un hotel que no esté en la playa. Allí va a haber hoteles más baratos...

MARIANA O una pensión. ¡Acuérdate de que las pensiones son más baratas!

Estrella y Mariana están hablando con el Sr. Ruiz, el dueño de la pensión.

ESTRELLA ¿Tiene un cuarto libre para dos personas?

SR. RUIZ Sí, hay uno disponible en el segundo piso, con dos camas chicas. Cobramos cien mil pesos por semana...

MARIANA ¿Eso incluye las comidas?

SR. RUIZ Sí, es pensión completa.

ESTRELLA ¿Los cuartos tienen baño privado y televisor?

SR. RUIZ No, señorita. Hay tres baños en el segundo piso. Tienen bañadera y ducha con agua caliente y fría... y hay un televisor en el comedor.

MARIANA *[A Estrella]* ¿Por qué no nos quedamos aquí? La pensión parece limpia y está en un lugar céntrico.

ESTRELLA ¿Hay alguna playa que esté cerca de aquí?

SR. RUIZ Sí, hay una a cuatro cuadras. ¡Ah!, señorita, necesito el número de su pasaporte.

MARIANA *[A Estrella]* ¡Uf! Estoy muy cansada. Ayúdame con las maletas, ¿quieres? Aquí no hay botones. Lo primero que voy a hacer es dormir un rato.

ESTRELLA Bueno, pero después te voy a mostrar unos folletos sobre Buenos Aires.

MARIANA ¡Ay! ¡Ya estás planeando nuestras próximas vacaciones!

III. Preguntas y respuestas

Answer each question about the dialogues you just heard, omitting the subject. Repeat the correct answer.

IV. Puntos para recordar

A. **Subjunctive to express indefiniteness and nonexistence.** Answer each question you hear, using the cue provided. Use the subjunctive or the indicative, as appropriate. Repeat the correct answer.

MODELO: —¿Conoces a alguien que viaje a Argentina este verano? (no)
—*No, no conozco a nadie que viaje a Argentina este verano.*

Name _____ Section _____ Date _____

B. Familiar commands: affirmative. Answer each question you hear in the affirmative, using the **tú** command form of the verb. If a question has a direct object, substitute the appropriate direct object pronoun. Repeat the correct answer.

MODELO: —¿Traigo los folletos?
—*Sí, tráelos.*

C. Familiar commands: negative. Answer each question you hear in the negative, using the **tú** command form of the verb. If the question has a direct object, substitute the appropriate direct object pronoun. Repeat the correct answer.

MODELO: —¿Traigo las maletas?
—*No, no las traigas.*

D. Verbs and prepositions. Answer each question you hear, using the cue provided. Pay special attention to the use of prepositions. Repeat the correct answer.

MODELO: —¿Con quién se va a casar su amigo? (mi hermana)
—*Se va a casar con mi hermana.*

E. Ordinal numbers. In this exercise, you will hear a list of months. Say which ordinal number corresponds to each month. Repeat the correct answer.

MODELO: octubre
Octubre es el décimo mes del año.

F. Future tense. Change the verb in each sentence you hear to the future tense. Repeat the correct answer.

MODELO: Voy a hablar con ellos.
Hablaré con ellos.

G. Conditional tense. Change the verb in each statement you hear to the conditional tense. Using the cue provided, say what the people mentioned in this exercise would do differently. If the sentence includes a direct or indirect object, substitute the appropriate pronoun. Repeat the correct answer.

MODELO: Ana va a Madrid. (ellos / a Barcelona)
Ellos irían a Barcelona.

V. Contesta las preguntas

Answer each question you hear, using the cue provided, and omitting the subject. Repeat the correct answer.

MODELO: —¿Hay alguna excursión que incluya el hotel? (sí, dos)
—*Sí, hay dos excursiones que incluyen el hotel.*

VI. Ejercicios de comprensión

A. You will hear three statements about each picture. Indicate the letter of the statement that best corresponds to the picture.

1. a b c    2. a b c    3. a b c

4. a b c    5. a b c    6. a b c

B. You will hear a series of statements. Indicate **L** if the statement is logical (**lógico**) or **I** if it is illogical (**ilógico**).

1. L I   6. L I
2. L I   7. L I
3. L I   8. L I
4. L I   9. L I
5. L I   10. L I

C. Listen carefully to the dialogue.

Now, answer each question about the dialogue, omitting the subject. Repeat the correct answer.

Name _____ Section _____ Date _____

VII. Para escuchar y escribir

In this exercise, you will hear five sentences. Listen to each sentence twice. After you listen for the first time, stop the audio and write what you have heard. Then, play the sentence for a second time to check your work and fill in what you have missed.

1. _____
2. _____
3. _____
4. _____
5. _____